《庄子》通识

中华经典通识

陈引驰——著

中華書局

图书在版编目(CIP)数据

《庄子》通识/陈引驰著. —北京:中华书局,2022.7
(2025.6 重印)
(中华经典通识/陈引驰主编)
ISBN 978-7-101-15734-5

Ⅰ.庄… Ⅱ.陈… Ⅲ.①道家②《庄子》-研究
Ⅳ.B223.55

中国版本图书馆 CIP 数据核字(2022)第 078558 号

书　　名　《庄子》通识
著　　者　陈引驰
丛 书 名　中华经典通识
主　　编　陈引驰
丛书策划　贾雪飞
责任编辑　黄飞立
封面设计　毛　淳
责任印制　管　斌
出版发行　中华书局
(北京市丰台区太平桥西里 38 号　100073)
http://www.zhbc.com.cn
E-mail:zhbc@zhbc.com.cn
印　　刷　天津裕同印刷有限公司
版　　次　2022 年 7 月第 1 版
2025 年 6 月第 5 次印刷
规　　格　开本/880×1230 毫米　1/32
印张 6⅝　字数 90 千字
印　　数　18001-21000 册
国际书号　ISBN 978-7-101-15734-5
定　　价　56.00 元

编者的话

经典常读常新，一代有一代的思想，一代有一代的解读。“中华经典通识”系列丛书，邀请当今造诣精深的中青年学者，为读者朋友们讲授通识课。希望通过一本“小书”，轻松简明地讲透一部中华传统经典。

本系列丛书由复旦大学陈引驰教授主编，每本书的作者都是该领域的名家，他们既有深厚的学养，又长于深入浅出，融会贯通。每本书都选配了大量相关的图片，图文相生，能增强阅读的趣味性。

希望这套丛书，能成为人们了解中华传统文化的可靠津梁。

目　录

我们为什么要读《庄子》/ 001

一
庄子画像

1 《史记》中的庄子 / 008
2 《庄子》中的庄子 / 013

二
《庄子》这部书

1 《庄子》是不是庄子写的？ / 024
2 《庄子》是怎样炼成的？ / 035
3 《庄子》应该这样读 / 054

三
《庄子》的世界

1 内篇要义：从《逍遥游》到《应帝王》/ 060
2 天地宇宙与三重突破 / 066
3 齐物视野：人与万物的勾连 / 079
4 听从你的内心 / 094
5 生死之间：有限和无限的纠葛 / 106

四
《庄子》的源与流

1 老庄异相 / 128

2 从“黄老”到“老庄” / 141

3 文学光影：成语、寓言及其他 / 154

4 中国文人的精神原色 / 167

五
儒道与中国文化的根本精神

1 以儒观道 / 185

2 天—地—人：儒道的重要分际 / 191

后 记 / 199

我们为什么要读《庄子》

今天，我们对传统的认识已经越来越深入，不像四十年前，对传统文化基本持一种严厉批判的态度，而现在更多的是一种继承发扬的意识，对传统有更多认同。说到读经典，我们一般会想到儒家、孔子，这当然没有问题，儒家在中国文化中具有首屈一指的价值，处在最核心的位置。但中国传统文化一直有“儒道互补”之说，犹如车之有两轮，这也是事实。在中国历史中，纯粹的排斥道家（也包括佛家）的儒家也是极少的，而道、佛两家也吸收了儒家不少的东西。

如何认识这种现象？

如果说儒家强调“天行健，君子以自强不息”，呈现了积极进取的品格，那么道家就是“谦退”的。“谦退”也很重要，并非没有正面的意义。西汉大史家司马迁在

《史记》中第一次为老子、庄子立传，老子传中有一则故事，很能见出儒、道之间的关系。孔子从鲁国去东周洛邑向老子“问礼”，老子避而不谈，反而让孔子去掉“骄气”，说“良贾深藏若虚”。这应该说具有比较正面的意义吧。

如果对两家作一个简略的对比，或许可以说：儒家是做加法的，道家则做减法，各有所长。不妨从传统所谓的“天”“地”“人”三个方面来说明。

天。古代“天”的内涵很复杂，具有神格、伦理意义。孔子周游列国，有时很狼狈，在宋国时说过一句很有名的话：“天生德于予，桓魋其如予何？”就是这个意义上的天，非自然界的天。而老子所讲的“天”就比较多自然界的意义了，他说过：“人法地，地法天，天法道，道法自然。”“自然”即自己如此之意。与儒家相比，道家在某种意义上具有更广阔的宇宙视野。儒家以现世为主，“知行合一”；道家不仅仅局限在人的世界，翻看《庄子》，开篇《逍遥游》先谈鲲鹏、大海、天地，而后才是人的世界。在庄子这里，我们所面对的是一整个自然万物，乃至天地宇宙。

地。这里是指人间的制度和秩序。孔子讲求的是制度的建设和完善，所谓“克己复礼”，即复周之礼。道家反对制度，《庄子》外篇《胠箧》说有人把箱子捆紧绑牢，以防盗贼，但“大盗”唯恐箱子不牢，因为他会连箱子一起扛走，这就表明了庄子思想中对制度某种程度上的不信任，他认为归根到底还在人。道家看到的更多是社会制度建设中的复杂性，认为制度必须建立在合乎人的本性的基础上，满足人的基本需求。以前有人批评老子所说的“鸡犬之声相闻，老死不相往来”，认为这是“小国寡民”思想，但这满足了人的基本需求，在此基础上才能谈及制度建设。庄子所说的“至德之世”，就是满足人的本性需求、人与自然和谐相处的社会。在庄子看来，秩序应该基于人的内在需求，而不是外在的附加。

人。儒家看重人的群体性，哈佛大学杜维明教授认为儒家所说的人是关系网络中的一个点。马克思说过：就其现实性而言，人是一切社会关系的总和。这与儒家的观念有相近之处。一个人有多重社会角色，但是角色之间并不都是和谐的。比如“忠、孝不能两全”就凸显了这个矛盾。因而，道家的选择是更关注个体的人，老子和庄子就很好地实践了这一点。老子“见周之衰”而离去，不做“周守藏室之史”；庄子拒绝做楚国的国相，宁肯“曳尾于涂中”。道家认为最重要的就是“保全自我”“尽其天年”，而不像儒家追求的“杀身成仁”“舍身取义”。庄子重视身心的修养，尤其是修心，如“坐忘”的身如槁木、心如死灰，这其实是对自我身心的控制。

所以不能简单地说儒家是积极的，道家是消极的：老庄有老庄的理路，基于其理路，提出了展开我们的自然宇宙视野和境界、建立合乎人性需求的社会制度和文明、关注和修养身心等多重主张。

最后，回到《庄子》这部书，我们今天读它，最重要的意义何在呢？

阅读《庄子》，可以提升我们的境界。

就我所认为《庄子》中最重要的《逍遥游》而言，庄子谈到过四种层次：首先，是知识、学养足以胜任官职的人，可谓是世俗意义上的成功；其次，“举世而誉之而不加劝，举世而非之而不加沮”，能把握自我的人；再次，像列子那样可以御风而行的人，在物与我之间取得恰当的平衡，顺势而行，因势利导，完成自己相对的自由；最后，顺应天地自然的变化，与宇宙精神化合为一体，也就是《庄子》的最后一篇《天下》里所说的“独与天地精神往来”，获得最大的自由自在。

第一个层次是功利世俗的层次，第二个层次是自我的层次，第三个层次是外在与自我和谐的层次，第四个层次是与自然完全合为一体的层次。依循着不同的层级，境界不断提升，便会重新认识这个世界，更多理解、宽和、包容——这也就是我所理解的“齐物”的真义。以平等包容的眼光看待世间万物，人就不会那么自傲，会承认自己并不是万物的灵长，万事万物都有其各自存在的理由，“齐物”，大约就是这个意义上的平等。进而，我们要尊重不同的个体，尊重不同的个性和价值。

“逍遥”而“齐物”，是因为站得高，所以看得远；因为看得远，所以理解；因为理解，所以包容；因为包容，所以尊重；因为尊重，所以丰富而多彩——这才是一个美好的世界。

庄子画像 一

庄子是道家的代表人物，至少从西汉初年《淮南子》面世的时候，就出现了“老庄”的并称，该书的《要略》篇，有“考验乎老庄之术”这么一句话。

确实，庄子和老子都是源远流长的道家传统中最具代表性的人物；庄子的时代当然在老子之后，不过，如果没

古书中经常出现的老子经典形象

明代《三才图会》中的庄子形象

有庄子，所谓道家或许也不会有那么深远的绵延和影响，就如同儒家传统中孔、孟相关联，有孔子而没有私淑他并发扬光大其思想的孟子，我们能想象儒家在中国文化中两千年的主导地位吗？

所以，要了解道家，不能不了解庄子。了解了庄子其人，才能进而观察、把握其观念和精神。

1.《史记》中的庄子

庄子生活在先秦时代的战国中后期，至于准确的年月，第一个为庄子撰写传记的司马迁在《史记·老子韩非列传》中提到他“与梁惠王、齐宣王同时”，又根据《庄子》的《秋水》和《列御寇》两篇的记述，明确写出聘庄子为相而被他推辞了的那位楚王，是楚威王。

这三位国君在位的年代，按《史记·六国年表》的记载：

梁（魏）惠王：公元前 370 年至公元前 335 年

齐宣王：公元前 342 年至公元前 324 年

楚威王：公元前 339 年至公元前 329 年

所以，照司马迁看来，庄子应该是活动在公元前 4 世纪的人，再加上一些其他的证据，现代学者如马叙伦（《庄子年表》）、钱穆（《先秦诸子系年》）都主张将庄子的卒年下延到公元前 3 世纪前半期。这么说来，庄子大约生活在公元前 4 世纪中期至公元前 3 世纪前期。

如此的结论，似乎显得模糊而让人感到遗憾，不过，这也许就够了。像庄子这样的思想家，主要凭他的观念和思想而存在于历史之中，具体的生平行事并不是最关键的，早生几年或少活数载，其实无关紧要。事实上，我们也真的弄不清楚庄子个人的世间经历，司马迁《史记》的庄子传是这样写的：

庄子者，蒙人也，名周。周尝为蒙漆园吏，与梁惠王、齐宣王同时。其学无所不窥，然其要本归于老子之孝文帝。而假之子解爲膠西王卬太傅，因家于齊焉。

〔一〕集解 此云封於段干，段干應是魏邑名也。而魏世家有段干木、段干子，田完世家有段干朋，疑此三人是姓段干也。本蓋因邑爲姓，左傳所謂「邑亦如之」是也。風俗通氏姓注云姓段，名干木，恐或失之矣。天下自別有段姓，何必段干木邪！

〔二〕索隱 音鑄。正義 之樹反。

〔三〕索隱 音古雅反。正義 作「瑕」，音霞。

世之學老子者則絀儒學，〔一〕儒學亦絀老子。「道不同不相爲謀」，豈謂是邪？李耳無爲自化，清靜自正。〔二〕

〔一〕索隱 按：絀音黜。黜，退而後之也。

〔二〕索隱 此太史公因其行事，於當篇之末結以此言，亦是贊也。按：老子曰「我無爲而民自化，我好靜而民自正」，此是昔人所評老聃之德，故太史公於此引以記之。正義 此都結老子之教也。言無所造爲而自化，清淨不擾而民自歸正也。

莊子者，蒙人也，〔一〕名周。周嘗爲蒙漆園吏，〔二〕與梁惠王、齊宣王同時。其學無所不闚，然其要本歸於老子之言。故其著書十餘萬言，大抵率寓言也。〔三〕作漁父、盜跖、胠

老子韓非列傳第三　　二一四三

中华书局点校本《史记·老子韩非列传》中关于庄子的记载

言。故其著书十余万言，大抵率寓言也。作《渔父》《盗跖》《胠箧》，以诋訿孔子之徒，以明老子之术。《畏累虚》《亢桑子》之属，皆空语无事实。然善属书离辞，指事类情，用剽剥儒、墨，虽当世宿学不能自解免也。其言洸洋自恣以适己，故自王公大人不能器之。

楚威王闻庄周贤，使使厚币迎之，许以为相。庄周笑谓楚使者曰：“千金，重利；卿相，尊位也。子独不见郊祭之牺牛乎？养食之数岁，衣以文绣，以入大庙。当是之时，虽欲为孤豚，岂可得乎？子亟去，无污我。我宁游戏污渎之中自快，无为有国者所羁，终身不仕，以快吾志焉。”

司马迁的传，后边一半讲的就是庄子推却楚威王聘任这么一件事，前边一半是对庄子时代、著述以及思想渊源、品格的评断，用司马迁评《庄子》的话，或许不能说完全“空语无事实”，但认为其“乏事实”不算太冤枉。

当然这也不好都怪司马迁，因为庄子觉得他的时代太危险了，“方今之时，仅免刑焉”（《庄子·人间世》），就是说当今这个时候，能好好活着，免于刑戮就很好了。所以他本来就不愿显明于当世，甚至最好不要在世上留下什么痕迹，很可能后代同样生活于乱世的诸葛亮“苟全性命于乱世，不求闻达于诸侯”（《出师表》）的意愿，正是庄子所心许的，那他便自然不如积极有为、努力进取的儒者了。

我们比照着读《史记·孔子世家》那样的儒者的传记，很容易明白两者之间的差异。

虽然“乏事实”，司马迁为庄子写的传记还是提供了一些重要的信息，比如前边提到的他所处的大致时代。再比如庄子名周（这没什么异议，是历来大家都认可的；至于说庄子字子休，虽然隋、唐之际的陆德明在《经典释文序录》里称“太史公云：字子休”，但现今所见的《史记》里既没有明文，陆德明的年代又太晚，怕不好完全相信）。还比如庄子是“蒙人”，“尝为蒙漆园吏”。“蒙”到底在哪儿，成了一个问题。南朝刘宋时给《史记》作《集解》的裴骃，依据《汉书·地理志》说“蒙”在梁国。不过，此所谓“梁”指的是西汉时的封国，而不是庄子时代的梁（魏）国。更准确的，倒是后来唐代司马贞的《史记索隐》，认为庄子所在的蒙当时属宋国，他援引的材料比班固《汉书》更早，是西汉后期大学问家刘向的《别录》：“宋之蒙人也。”至于“漆园吏”，应该是一种管理漆树园的小官吧。

回顾早期的史料，我们能确知的庄子情况很简单：庄子名周，是战国时代公元前 4 世纪中期到公元前 3 世纪早期，宋国一个叫蒙的地方的人，做过微不足道的小官，曾经推辞了楚王的聘任，写了许多文章，延续老子的学术脉络，对孔子及其后学颇有批判。

2.《庄子》中的庄子

与如此简单的生平事迹相反，庄子所著的文章、庄子的思想观念，对后世士人及其思想、文学影响很大，郭沫若曾经说过："秦汉以来的一部中国文学史，差不多大半是在他的影响下发展。"（《鲁迅与庄子》）于是，人们很容易不满足于上述有关庄子其人的有限信息，想要知道得更多。

我在前面已经提到，作为道家的代表人物老子和庄子，与儒家代表人物孔子、孟子不同，他们的生平事迹很不清楚。老子的事迹，在司马迁的《史记》里面已经不能分明，甚至提及了周守藏室之史李耳（字聃）、老莱子、周太史儋三位作为"老子"可能的候选人；而《史记》记述的庄子，除司马迁的评说之外，真实的生平事迹其实就是《庄子》的《秋水》和《列御寇》里面曾记载的“辞相”而已。所以，如果一定要搜索出更多的庄子生平事迹，恐怕还是得回到《庄子》一书。

如果从《庄子》来看庄子，很显然，他的基本生活状态是贫困。有时，庄子甚至陷入不得不向人求贷以维持生计的地步。《庄子·外物》篇就记载说：

庄周家贫，故往贷粟于监河侯。监河侯曰：“诺。我将得邑金，将贷子三百金，可乎？”庄周忿然作色曰：“周昨来，有中道而呼者。周顾视，车辙中有鲋鱼焉。周问之曰：‘鲋鱼来！子何为者邪？’对曰：‘我，东海之波臣也。君岂有斗升之水而活我哉？’周曰：‘诺。我且南游吴越之王，激西江之水而迎子，可乎？’鲋鱼忿然作色曰：‘吾失我常与，我无所处。吾得斗升之水然活耳，君乃言此，曾不如早索我于枯鱼之肆！’”

监河侯对庄子的承诺，明显是一种推托之辞，庄子的恼怒可想而知。他的脸色都变了，不过他没有直接表达自己的愤怒，而是随口编了一个故事来表达自己的感受和想法。如果熟悉庄子的为人和言谈方式，即刻就能明白这是他一贯的风格——“借外论之”的“寓言”方式。庄子说自己在路上遇到困在干涸的车辙中的鱼，面对呼救，庄子对鱼说你别急，等我到南方去引水来救你吧；鱼回应说，我哪需要那么多水，等你引来南方的江流，我早干渴而死，挂在鱼肆里出售了！——庄子编出这么一个故事，本意是直接针对监河侯的推托的：等你收来邑金再贷我粟米，我早就饿死了，你这就是见死不救嘛！

我们不知道这个故事究竟是真是假，但透露出的几点信息颇有意味：庄子贫困潦倒，但他并不完全低声下气，不如意时照常会“忿然作色”地顶回去，而他怼人的方式不是破口大骂，而是讲故事。

司马迁说庄子担任过漆园吏，《庄子》书中却没有留下什么痕迹，倒记着他以织草鞋谋生。《庄子·列御寇》篇有一个很有名的故事：

宋人有曹商者，为宋王使秦。其往也，得车数乘。王说之，益车百乘。反于宋，见庄子曰："夫处穷闾厄巷，困窘织屦，槁项黄馘者，商之所短也；一悟万乘之主而从车百乘者，商之所长也。"庄子曰："秦王有病召医，破痈溃痤者得车一乘，舐痔者得车五乘，所治愈下，得车愈多。子岂治其痔邪？何得车之多也？子行矣！"

织草鞋为生计，无疑是穷愁潦倒了，生活的环境很破烂糟糕（"处穷闾厄巷"），弄得自己面黄肌瘦（"槁项黄馘"）。不过，如同面对监河侯那样，任何情形下，庄子的精神上绝不委顿、屈服。面对出使秦国、衣锦回来的曹商的刻薄挖苦，庄子的回应更加尖锐、狠毒：听说为秦王治痈疮可以得车一乘，为他舔痔疮可得五乘，你现在得车百乘，得是舔了多少回痔疮啊！

对曹商的讽刺，还只是针对浮沉于时俗的混世者，庄子对身居高位者则有更为严厉的批判。《庄子·山木》里，庄子穿着破衣烂衫去见魏王：

庄子衣大布而补之，正緳系履而过魏王。魏王曰："何先生之惫邪？"庄子曰："贫也，非惫也。士有道德不能行，惫也；衣弊履穿，贫也，非惫也；此所谓非遭时也。……今处昏上乱相之间，而欲无惫，奚可得邪？此比干之见剖心征也夫！"

庄子穿的"大布"就是粗布，不仅是粗布而且还打了补丁。庄子是贫穷到实在没有像样的衣服可穿了，还是见魏王这事对他根本就啥也不算？针对魏王形容自己"惫"，庄子坚持说"衣弊履穿"只是因为"贫"即贫穷，他界定"惫"为"士有道德不能行"，而当今处在"昏上乱相之间而欲无惫"，那是不可能的事！这不仅为自己作了辩护，而且毫不客气地将魏王等在上者统统骂进，最后还提到了历史上著名的忠臣比干。大家都晓得，剖取比干之心的是人人皆知的昏暴之君商纣，这无异于在指斥当今之世是暴虐的末世了。

身处乱世的庄子也是有朋友的，比如惠施。《庄子》中记载庄子与惠施之间的争辩和谈论是最多的，《逍遥游》

《德充符》《秋水》《至乐》等篇，都有非常重要的两人之间的谈辩，每一次，庄子都是赢家，看来，充满机智的论辩是庄子生活中很大的一种乐趣。作为终身的辩友和论敌，庄子和惠施相爱相杀，他对惠施的观点很不以为然，批判时毫不留情，但终究是有很深情感的，《徐无鬼》篇记叙了庄子经过惠施墓的情形：

庄子送葬，过惠子之墓，顾谓从者曰："郢人垩慢其鼻端若蝇翼，使匠石斫之。匠石运斤成风，听而斫之，尽垩而鼻不伤，郢人立不失容。宋元君闻之，召匠石曰：'尝试为寡人为之。'匠石曰：'臣则尝能斫之。虽然，臣之质死久矣！'自夫子之死也，吾无以为质矣，吾无与言之矣！"

庄子呈现的是他一贯的谈说风格，借由信口道来的"运斤成风"故事，表达了自己与惠施之间超越观点的对立而形成的密切而信任的关系。"吾无与言之矣"，话语里透着深切的同情和悲哀。

不过，即使是惠施这样的老友，基于对待现实的不同感受、认知，两人处于对立位置时，庄子也会给予绝无宽贷的讥讽，《秋水》记载：

惠子相梁，庄子往见之。或谓惠子曰："庄子来，欲代子相。"于是惠子恐，搜于国中三日三夜。庄子往见之，曰："南方有鸟，其名为鹓鸰，子知之乎？夫鹓鸰，发于南海而飞于北海，非梧桐不止，非练实不食，非醴泉不饮。于是鸱得腐鼠，鹓鸰过之，仰而视之曰：'吓！'今子欲以子之梁国而吓我邪？"

类似的故事，《淮南子·齐俗训》还有一个："惠子从车百乘以过孟诸，庄子见之，弃其余鱼。"我们知道，庄子的这位老朋友惠施，不仅是一位善于言辩的名学家，而且是很有干练的实际才能的，他在魏国担任官职，内政、外交方面都可谓成功。前一方面，他曾为魏惠王制定法律，《吕氏春秋·淫辞》记载："惠子为魏惠王为法，为法已成，以示诸民人，民人皆善之。"后一方面，他曾在列国的争战中折冲其间，《战国策·楚策》说："五国伐秦，魏欲和，使惠施之楚。”然而，这些世俗的所谓成就，在庄子看来不算什么，他自居“拣尽寒枝不肯栖”（苏轼《卜算子·黄州定慧院寓居作》）的鹓鸰，而当着惠施的面将其担任国相的魏国比拟为“腐鼠”，将惠施比拟作守护“腐鼠”的“鸱”，也实在是太不给朋友面子了。

对魏王、曹商乃至惠施所悠游其中的世界，庄子持强烈的批判和抗拒姿态，这不是吃不到葡萄说葡萄酸的狐狸似的故作姿态。从《庄子》看，庄子本人也曾有机会进入名利场，但他断然拒绝了，《秋水》和《列御寇》有类似的记录：

庄子钓于濮水。楚王使大夫二人往先焉，曰：“愿以境内累矣！”庄子持竿不顾，曰：“吾闻楚有神龟，死已三千岁矣，王巾笥而藏之庙堂之上。此龟者，宁其死为留骨而贵乎？宁其生而曳尾于涂中乎？”二大夫曰：“宁生而曳尾涂中。”庄子曰：“往矣！吾将曳尾于涂中。”（《秋水》）

或聘于庄子。庄子应其使曰：“子见夫牺牛乎？衣以

文绣，食以刍叔。及其牵而入于大庙，虽欲为孤犊，其可得乎！”（《列御寇》）

司马迁《史记》的记叙与这两节文字都不尽相同，但无疑是据之错综演化而成的。结合这两段文字，庄子拒绝赴楚国出仕的理由很清楚：仕途险难，世道危殆，“殊死者相枕也，桁杨者相推也，刑戮者相望也”（《庄子·在宥》），死而显贵不如生而平凡，真到了大难临头的时刻，要想回返当初就不可能了。在庄子看来，生命是第一位的，无与伦比。想想稍后帮助秦国一统天下，权倾一时，最后却在政治争斗中被害的李斯的临终之叹，我们就能明白，庄子是真有先见之明的：临刑之前，李斯“顾谓其中子曰：‘吾欲与若复牵黄犬，俱出上蔡东门逐狡兔，岂可得乎！’遂父子相哭，而夷三族”（《史记·李斯列传》）。

庄子推辞楚王的聘任，要算他全部生活中最有名的一件事了，不过，对此早有人提出质疑，宋代黄震针对《史记》的记述就说道：

> 楚聘庄周为相。愚按史无其事，而列御寇、子华子凡方外横议之士，多自夸时君聘我为相而逃之。其为寓言未可知。又时君尚攻战、权术，未必有礼聘岩穴之事。虽孟子于梁、齐，亦闻其好士而往说之，非聘也。纵其聘之，何至预名为相而聘之？（《黄氏日钞》卷五十四）

作为严格的史实加以真实性的考究，庄子辞相的事或许确实有许多可以推敲、质疑的地方。不过，《庄子》里面的庄子事迹，是否一定就是实录呢？应该说，其中有庄子本人生活的影子，但似乎又不是完全真实的纪事，而是很有寓言的味道。作为寓言，事实上的真实性或许不必苛求，重要的是它真切地体现了意念和精神的取向：庄子是一个在污浊的世间坚持自己生活信念的人，他是能够超越当下的世俗攀求而守护自己本来生命的人。在这一意义上，庄子的“辞相”恰是一个极好的呈现，“辞相”所表露出的意趣是非常真实的。

最后，我们回过来看《庄子》中所呈现的庄子形象，较之司马迁《史记》中的庄子传记，给予后世更多的，大约便是：庄子在其身处的乱世之中，卑微存在着，固然他会自顾自沉浸在自己的世界之中，却也会愤懑、尖刻地指斥、嘲讽，虽穷愁潦倒，但穷而不辱其志，不折其节，对外在的羞辱和压迫毫不犹豫地给予回击，珍视和保有着生命的完整。

二 《庄子》这部书

1.《庄子》是不是庄子写的？

问《庄子》是不是庄子写的这么一个问题，似乎有些奇怪。历史上，自司马迁开始谈到庄子的著作，从来没有人想过要问这么一个问题，直到唐代的韩愈。明代归有光等的《南华真经评注》引了韩愈的话，以为《盗跖》“讥侮列圣，戏剧夫子，盖效颦庄、老而失之者”，《说剑》“类战国策士之雄谈，意趣薄而理道疏，识者谓非庄叟所作”，意思是这两篇文字或者浅薄得好似战国纵横家的言谈，或者攻击孔子过猛，怕都不是出自庄子。不过，这些话的来历却无法准确查出来，我们也不好完全相信有关《庄子》的怀疑论调就是始于韩愈。

在一般的理解之中，《庄子》这部书既然冠以“庄子”

之名，那当然就是庄子所写的了，庄子对《庄子》具有著作权。学术史上，许多辨伪的意见，就是建立在这样的观念基础之上的。比如，如果这部书中出现了被认为是该书作者所处时代之后的人、事，那这些部分便是伪误的，应该剔除之。

如此的学术认识及做法，在现代，当然是确当的：假设鲁迅的文章出现了 1936 年 10 月之后的人物和事件，那这篇文章肯定不能归于他名下了。可在很久远的古代，这就未必了。

一则，古代的著作权观念与现代截然不同。真理不怕重复，重要的话讲三遍，孔子就自称“述而不作”（《论语·述而》），他只是传述他认为重要而确当的前代文化和思想。孔子对前贤如此，老、庄、孔、孟等先贤的后人对他们也是如此，而传述的过程中有些变化和增饰，并不足以大惊小怪。

二则，古时的著述即使主要的内容和思想出于某人，也未必如同现代一样定然出诸其手其笔。这在过去的学术史上，高明的学者早就指出过，比如清代的孙星衍在《晏子春秋序》里说："凡称子书，多非自著。"现代的吕思勉《先秦学术概论》第五章《研究先秦诸子之法》讲得更明白：

> 子为一家之学，与集为一人之书者不同。故读子者，不能以其忽作春秋时人语，忽为战国人之言，而疑其书之出于伪造。犹之读集者，不能以其忽祖儒家之言，忽述墨家之论，而疑其文非出于一人。先秦诸子，大抵不自著书。今其书之存者，大抵治其学者所为，而其纂辑，则更出于后之人。亡佚既多，辑其书者，又未必通其学，不过见讲此类学术之书共有若干，即合而编之，而取此种学派中最有名之人，题之曰某子云耳。

具体说，如《论语》是了解孔子及其思想最重要的典籍，可它是出于其弟子和再传弟子的传录。《孟子》则是孟子"退而与万章之徒序《诗》《书》，述仲尼之意，作《孟子》七篇"（《史记·孟子荀卿列传》）而成的，可以说是孟子与弟子合撰的著作。

《庄子》一书的情况，更为复杂一些，它的篇数远远多于《孟子》，究竟有多少篇，直到司马迁的时代都没有明确的记述，只说“著书十余万言”，大致可以肯定，《庄子》这部书是在一个相当长的时间内各篇章逐渐连接、缀合而形成的。这样的情形，很像《管子》，而我们知道，《管子》包含了先秦许多学术流别的思想，虽归名于管子，但肯定不能算是管子本人的著作。《庄子》或许不如《管子》那么庞杂，不过，我们实在也很难将它视为庄子一人的手笔。

我们不妨稍微具体来看一看。

《庄子》作为一部子书，今天当然被认定为道家的代表作，但其中所包含的学术文化信息颇为复杂，除道之外，诸如儒、名、法等家的因素，都能约略窥见。

比如历来有学者认为《庄子》的主旨是表彰儒家而非反儒的。唐代古文大家韩愈以复兴儒道为己任，充分反映其儒学复兴意识的《原道》等文章，力斥佛、老，但对于道家中与老子并称的庄子的态度却似乎有所不同，因为在他的眼中，庄子很大程度上是承续儒家学脉的。韩愈《送王秀才序》说：

吾常以为孔子之道大而能博，门弟子不能遍观而尽识也，故学焉而皆得其性之所近。其后离散分处诸侯之国，又各以所能授弟子，原远而末益分。盖子夏之学，其后有田子方，子方之后，流而为庄周，故周之书，喜称子方之为人。

他勾画了孔子—子夏—田子方—庄子这么一条线索。确实，《庄子》有《田子方》一篇，不过韩愈并没有说明庄子与儒家究竟有怎样的精神联系，而在《送王秀才序》的后文，还是点明通向孔子的圣人之道，依然得经由孟子，而不是老庄佛禅。

不过此后，认为庄子与儒家有关系的意见渐渐多起来。北宋苏轼《庄子祠堂记》是庄学史上的一篇名文，它最早明确怀疑《庄子》中有多篇文章不是出诸庄子之手笔，理由便是“庄子盖助孔子者”。南宋林希逸的《庄子鬳斋口义》是颇重要的一部注《庄》著作，也说《庄子》“大纲领、大宗旨未尝与圣人异也”。明代杨慎接着说庄子“未尝非尧舜”“未尝罪汤武”“未尝毁孔子”（何良俊《四友斋丛说》卷十九引），而袁宏道《广庄》夸张地表示：“庄去孔圣未远，七篇之中，半引孔语，语语破生死之的，倘谓蒙庄不实，则《中庸》亦伪书矣。”清代著名史学家章学诚断言“荀、庄皆出子夏门人”（《文史通义·经解上》）。

近代国学大师章太炎虽然不同意庄子出自子夏，但认为“庄生传颜氏之儒”（《菿汉昌言》卷一）。现代史学家郭沫若在《十批判书·庄子的批判》中延续了章太炎的观点。当代研庄名家钟泰的《庄子发微》也力主“庄子之学，盖实渊源自孔子，而尤于孔子之门颜子之学为独契”（《庄子发微序》）。

历史上千年来不绝如缕的《庄子》与儒家相关论，不能说就是定论，但《庄子》一书对于儒家确实也不是简单、绝对的贬责、批判。《庄子》书里面固然有如《盗跖》一篇中借柳下跖之口对孔子的痛诋：

尔作言造语，妄称文武，冠枝木之冠，带死牛之胁，多辞缪说，不耕而食，不织而衣，摇唇鼓舌，擅生是非，以迷天下之主，使天下学士不反其本，妄作孝弟而侥幸于封侯富贵者也。子之罪大极重，疾走归！不然，我将以子肝益昼餔之膳。

声色俱厉，到最后甚至要食肉寝皮一般了。而《秋水》篇中展现孔子在匡被困却弦歌从容，坦然应对弟子子路的一番话，则非常之正面：

孔子游于匡，宋人围之数匝，而弦歌不惙。子路入见，曰："何夫子之娱也？"孔子曰："来！吾语女。我讳穷久矣，而不免，命也；求通久矣，而不得，时也。当尧舜而天下无穷人，非知得也；当桀纣而天下无通人，非知失也：时势适然。夫水行不避蛟龙者，渔父之勇也；陆行不避兕虎者，猎夫之勇也；白刃交于前，视死若生者，烈士之勇也；知穷之有命，知通之有时，临大难而不惧者，圣人之勇也。由处矣，吾命有所制矣。"

“知穷之有命，知通之有时，临大难而不惧”，这时，孔子所展现出来的境界，实在不是常人能达到的。对照《秋水》与《盗跖》两处的孔子形象，截然不同，我们很难想象它们出自一人之笔。

回到道家，《庄子》中也呈现了多元的层面，以及相应的时代先后。我们知道，先秦时代并无“某家”的概念，像《庄子·天下》《荀子·非十二子》及《荀子·解蔽》等都是直接称“某子”的，也就是说那时只有“诸子”而无所谓“百家”。儒、道、墨、名、法、阴阳等各“家”，到汉代才逐渐流行。“道家”最初指“黄老之学”，《史记·魏其武安侯列传》记载：“太后好黄老之言，而魏其、武安、赵绾、王臧等务隆推儒术，贬道家言，是以窦太后滋不说（悦）魏其等。”显然，窦太后所好的“黄老之言”与“推隆儒术”的魏其、武安、赵绾、王臧所贬抑的“道家言”，两者是一回事。也就是说，“道家”最初主要指黄老之学，后来逐渐发生指意偏移，才趋向老庄之学。

黄老之学由齐国的稷下之学衍发而来，融汇了老子之

"道"与刑名法术之学。《庄子》对黄老之学意义上的道家，是有表现的，《庄子·天道》：

> 夫帝王之德，以天地为宗，以道德为主，以无为为常。无为也，则用天下而有余；有为也，则为天下用而不足。故古之人贵夫无为也。上无为也，下亦无为也，是下与上同德，下与上同德则不臣；下有为也，上亦有为也，是上与下同道，上与下同道则不主。上必无为而用天下，下必有为为天下用，此不易之道也。
>
> ……
>
> 是故古之明大道者，先明天而道德次之，道德已明而仁义次之，仁义已明而分守次之，分守已明而形名次之，形名已明而因任次之，因任已明而原省次之，原省已明而是非次之，是非已明而赏罚次之。

文中所谓"主""臣""上""下""用天下""为天下用"等，看着就与拒绝楚王聘请、避官场仕途唯恐不及的庄子形象格格不入。清初大儒王夫之的《庄子解》判定此类文字“与庄子之旨迥不相侔者……盖秦汉间学黄老之术以干人主者之所作也”，眼光的确很敏锐。上引第一段，指出所谓“无为”其实是在上为君者的专利，而在下为臣者则须努力有为，不可混同。很大程度上体现了稷下之学思想的《管子》有《君臣》篇：“上之人明其道，下之人守其职，上下之分不同任，而复合为一体。”后来法家的《韩非子》有《主道》篇：

明君无为于上，群臣竦惧乎下。明君之道，使智者尽其虑，而君因以断事，故君不穷于智；贤者敕其材，君因而任之，故君不穷于能。有功则君有其贤，有过则臣任其罪，故君不穷于名。是故不贤而为贤者师，不智而为智者正。臣有其劳，君有其成功。此之谓贤主之经也。

看这段话，与前边引的《庄子·天道》第二段思路是一致的，它主张以“天”“道德”为归依，而“形名”“因任”“是非”“赏罚”等指的乃是位居主上者操纵臣下，实施治理的程序：明确臣下的职守，而后循名责实，也就是以相应的职守要求来考核臣下的作为，进而定其是非，进行赏罚，从而实现臣下尽其名分而“有为”的政治状态。汉初的《淮南子·要略》也有相应的表述：

主术者，君人之事也，所以因作任督责，使群臣各尽其能也。明摄权操柄，以制群下，提名责实，考之参伍，所以使人主秉数持要，不妄喜怒也。

由此可见，《庄子·天道》上引的话语，与《管子》《韩非子》《淮南子》所呈现的从先秦到汉初的一个重要思想脉络相联相通——而这样的想法肯定不是来自生活在公元前4世纪中期到公元前3世纪前期宋国蒙人的庄子的头脑。

这样说来，我们似乎最好抛开《庄子》这部书都是庄子一个人所著的想法。当然，我们也不是完全剥夺庄子对《庄子》的著作权，其中必定有部分篇什是出诸庄子的，但一定也包含了其弟子、后学的文字，从而使得整部《庄子》成为一部以庄子观念和思想为主的丛书性著作。

2.《庄子》是怎样炼成的？

如果说《庄子》是一部丛书性的著作，那我们现在所见的这些篇章，是如何结集形成《庄子》这部书的呢？

前边我们提到，早期的《庄子》究竟有多少篇，直到司马迁都没有给出明确的答案，仅说庄子“著书十余万言”，由此可以推想，《庄子》这部书是在一个长时段内各篇章逐渐连接、缀合而形成的。

1）篇章与结构

那《庄子》到底有多少篇呢？今天所见的《庄子》共三十三篇，似乎很清楚。不过，现在的三十三篇本《庄子》是晋代郭象注本的面貌，历史上曾经归于《庄子》这部书名下的篇章，要远远多于这个数目。

我们所知道的《庄子》篇数，曾多达五十二篇，东汉班固在根据西汉刘向、刘歆父子整理文献的工作而形成的《汉书·艺文志》中就是这么记载的。隋唐时陆德明

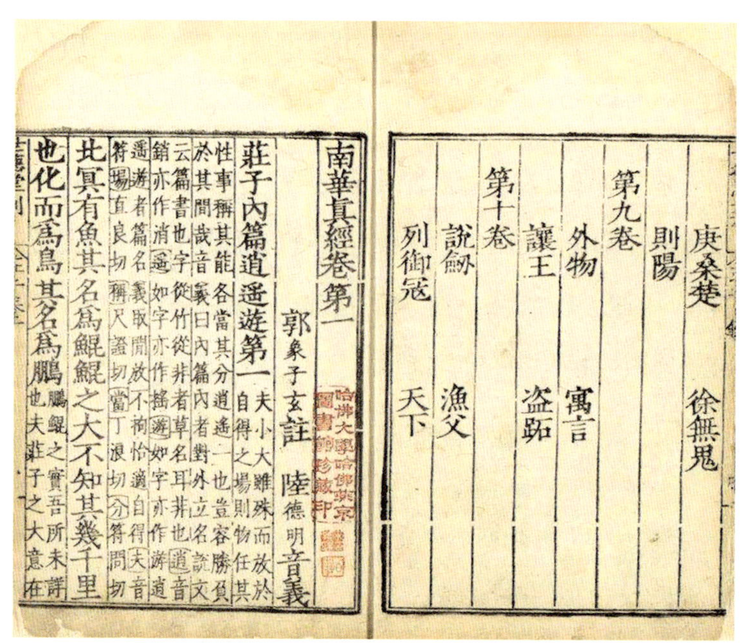

庚桑楚　徐無鬼
則陽
第九卷
外物　寓言
讓王　盜跖
第十卷
說劍　漁父
列御寇　天下

南華眞經卷第一
郭象子玄註　陸德明音義
莊子內篇逍遥遊第一　夫小大雖殊而放於自得之場則物任其性事稱其能各當其分逍遥一也豈容勝負於其間哉音義曰內篇內者對外立名說文云篇書也字從竹從非者草名耳非也逍音銷亦作消遥如字亦作搖遊如字亦作游逍遥遊者篇名義取閑放不拘怡適自得夫音符場直良切稱尺證切當丁浪切分符問切
北冥有魚其名爲鯤鯤之大不知其幾千里也化而爲鳥其名爲鵬　鵬鯤之實吾所未詳也夫莊子之大意在

《庄子》郭象注本书影
哈佛大学哈佛燕京图书馆藏

的《经典释文序录》说，之前司马彪和孟氏的注本，也都是五十二篇。我们一时弄不清孟氏是什么时候的人，而司马彪是晋代人。这么说来，从两汉之交直到晋，《庄子》五十二篇一直存在着。

但要注意，这部五十二篇的《庄子》，并非全部文字都可以归于庄子名下。因为陆德明《经典释文序录》说，这五十二篇中有三篇是“解说”，也即对于《庄子》的解说文字，那么这三篇就不能算是《庄子》的本文。这三篇“解说”，今天能推测的是，有两篇应归属西汉初淮南王刘安名下。南朝萧梁时代昭明太子萧统主持编纂的《文选》，有一部非常重要也非常流行的注本出自唐代著名学者李善，李善多次引到刘安的《庄子后解》和《庄子略要》，这两篇文字今天当然看不到完整的面貌了，但它们曾经存在是无疑的，所以学者们一般相信这两篇文字应该都在五十二篇《庄子》所包含的三篇“解说”之中。对此，一个非常有力的佐证，是日本高山寺所藏的《庄子》抄卷残本。在这一残卷的《天下》篇后边有一段文字，文句与陆德明《经典释文序录》引述的《庄子》晋代注家郭象的话相类似，正是在这段文字中，谈及当时《庄子》篇章的混杂情形，其中一种便是“或出淮南”，也就是说郭象所看到的《庄子》这部书的篇章中，有些是出自淮南王刘安的。这么说来，去掉三篇“解说”，可以确认，历史上《庄子》的本文最多曾有四十九篇。

也可能是《庄子》的篇数太多了，篇幅按照司马迁《史记》的说法也有“十余万言”，远远超过《论语》《孟子》和《老子》等儒、道典籍，人们一时间难以卒读，于是，在五十二篇本《庄子》存世传播的同时，就开始出现篇数较少的本子。比如“竹林七贤”之一的向秀，非常喜欢读《庄子》，《世说新语·文学》刘孝标注引《向秀别传》说：“秀游托数贤，萧屑卒岁，都无注述，唯好《庄子》，聊应崔譔所注，以备遗忘。”由此可以知道，向秀的《庄子》注本在崔譔之后。而向秀注《庄》，完成在他的朋友嵇康、吕安被杀之前，因为《向秀别传》记述向秀最初想注《庄子》，嵇康和吕安都认为没有必要，但等看到了向秀注本，吕安惊叹：“庄周不死！”嵇康和吕安被杀是在曹魏景元三年（262）。至于司马彪注《庄子》，按照

《晋书》的记载是在西晋泰始年间（265—274），所以向秀等是在司马彪《庄子》五十二篇本的注本之前就展开自家注释的。再来看陆德明《经典释文序录》记录崔譔和向秀的《庄子》注本，都是二十七篇。因此，向秀等人的《庄子》应该被称作《庄子》的选注本吧。

从这么一个脉络和意义上来说，西晋郭象的《庄子》注本也正是一种选注本。郭象面对五十二篇的《庄子》，除了三篇“解说”，在四十九篇中择取、改编出三十三篇，形成了一种新的《庄子》选注本，而郭象的这部选注本一直流传下来，其他的各种都散佚了，于是后世只有通过郭象注本才能了解《庄子》了。

我们不禁好奇，郭象删裁了哪十六篇原本归属《庄子》的篇章呢？

首先，看司马迁的《史记·老子韩非列传》，其中说到：“作《渔父》《盗跖》《胠箧》，以诋訿孔子之徒，以明老子之术。《畏累虚》《亢桑子》之属，皆空语无事实。”其中与今本相同的篇目之外，所谓《亢桑子》大约就是今杂篇之首的《庚桑楚》，而《畏累虚》要算已佚篇目的篇名了。

其次，陆德明《经典释文序录》引了郭象的话：“一曲之才，妄窜奇说，若《阏奕》《意修》之首，《危言》《游凫》《子胥》之篇，凡诸巧杂，十分有三。”内中含有若干今本《庄子》所无的篇名：《阏奕》《意修》《危言》《游凫》《子胥》。

再次，据《北齐书·杜弼传》，杜弼曾经注释《庄子》的《惠施》一篇，有学者便认为《惠施》篇即今本《天下》篇后边“惠施多方”以下的文字。

将上述不见于今本《庄子》篇名归并起来，我们可以知道，郭象删裁的十六篇有《畏累虚》《阏奕》《意修》《危言》《游凫》《子胥》《惠施》等，另外九篇则连篇名也无法弄明白了。

我们打开郭象本《庄子》，一共有三十三篇，全书的篇目和架构是这样的：

内篇七篇：《逍遥游》《齐物论》《养生主》《人间世》《德充符》《大宗师》《应帝王》；

外篇十五篇：《骈拇》《马蹄》《胠箧》《在宥》《天地》《天道》《天运》《刻意》《缮性》《秋水》《至乐》《达生》《山木》《田子方》《知北游》；

杂篇十一篇：《庚桑楚》《徐无鬼》《则阳》《外物》《寓言》《让王》《盗跖》《说剑》《渔父》《列御寇》《天下》。

我们提到过，郭象的《庄子》实质上是他的选注本，这样的一个结构方式，是他独创的吗？如此分篇是怎样形成的呢？

还是得回到陆德明的《经典释文序录》，它记录了之前各种《庄子》文本的篇数和结构，比如崔譔注本内篇七、外篇二十，合计二十七篇；向秀注本内篇七、外篇二十，合计二十七篇；司马彪注本内篇七、外篇二十八、杂篇十四、解说三，合计五十二篇；郭象注本内篇七、外篇十五、杂篇十一，合计三十三篇。不妨表列如下，可以一目了然：

	内篇	外篇	杂篇	解说	合计
崔　譔	7	20			27
向　秀	7	20			27
司马彪	7	28	14	3	52
郭　象	7	15	11		33

比较了各本《庄子》，陆德明说五十二篇的《庄子》："言多诡诞，或似《山海经》，或类占梦书，故注者以意去取，其内篇众家并同，自余或有外而无杂。"这是说各本的内篇大致是一样的，而外、杂篇就不同了，有的本子像崔譔、向秀的注本就是没有杂篇的。至于"内篇众家并同"一句，似乎有些含混，是仅指内篇有七篇的篇数这一点"众家并同"，还是说内篇所包括的七篇文章在内容上"众家并同"？仔细推敲的话，前面所谓"言多诡诞"云云应该是着重在内容方面，那么大概还是指内篇的篇章内容相同吧。

古代典籍分内、外乃至杂篇是什么时候有的事呢？现在知道，应该是从汉代开始的。

先秦简牍
载体的性质决定了当时著作多以篇章形式流传。

先秦时代，我们今天所谓的诸子著作，最初多不是以整本书的形式而是以个别的篇章形式流传于世。《史记·老子韩非列传》说：

韩非者，韩之诸公子也，喜刑名法术之学，而其归本于黄老。非为人口吃，不能道说，而善著书。……作《孤愤》《五蠹》《内外储》《说林》《说难》十余万言。……人或传其书至秦，秦王见《孤愤》《五蠹》之书，曰："嗟乎，寡人得见此人与之游，死不恨矣！"李斯曰："此韩非之所著书也。"秦因急攻韩。

这里面并没有出现《韩非子》或《韩子》的书名，而仅有《孤愤》等篇名，可见当时流传的就是一篇一篇的单篇文章，"秦王"也即后来的秦始皇所读的仅仅是《孤愤》《五蠹》等篇章，而不是《韩非子》这部书。值得注意的是，韩非子的著述中有《内外储》的篇目，我们翻检《韩非子》，能见到《内储说上》《内储说下》《外储说左上》《外储说左下》《外储说右上》《外储说右下》六篇，其中汇集了各种论说的材料，有些就是生动有趣的故事。由《韩非子》"内、外储说"的情况，可见先秦时的文章已有内、外之分，但整本著作还没有分内、外篇的情形，毕竟当时一家之著述本来就不是以整本书的形式传布于世的。

现今知道明确将整本著作分内、外篇，是从汉初的淮南王刘安开始的。《汉书》说刘安"招致宾客方术之士数千人，作为《内书》二十一篇，《外书》甚众，又有《中篇》八卷”，“初，安入朝，献所作《内篇》新出，上爱秘之”。很清楚，淮南王刘安召集门客集体撰著的《淮南子》，分内、中、外三个部分：《内书》或《内篇》二十一篇，《中篇》八卷，“《外书》甚众”。如果联想到淮南王刘安还曾著有《庄子后解》与《庄子略要》，被附载于汉代以来五十二篇本的《庄子》之中，按照当时编录者在所编录的文集之后附缀己作的通例（汉代的《楚辞》中就收录有淮南王门客淮南小山的《招隐士》之作，《汉书》还记载刘安曾经注《离骚》而成《离骚传》），淮南王刘安及其门客很可能编纂过《庄子》，并且开始将全书分为内、外篇。

如果内篇大致是确定的，外、杂篇的分别就各本有各本的不同安排了。今天我们所见到的郭象本的内、外、杂篇，可以肯定不是西晋之前《庄子》原本的格局，而是经过了他重新编次的，至少与略早一些的向秀《庄子》注本的安排就很不一样。《世说新语·文学》记载，向秀没有能完成《秋水》《至乐》两篇的注释就去世了，陆德明所见的向秀《庄子》注本二十七篇只有内、外篇之分，那么除内篇的七篇之外，其余二十篇应当都属于外篇。但如果检阅《经典释文》所引的向秀注文，郭象本《庄子》中属于外篇的《天道》《天运》《刻意》《达生》《山木》《田子方》《知北游》等都没有向秀注，而郭象本《庄子》中属于杂篇的《庚桑楚》《徐无鬼》《则阳》《天下》等则含有向秀的注解。这么说来，就算现今属于郭象本《庄子》外篇的那些篇章没有向秀的注，可以解释为陆德明没有择取、援引，而现今属于郭象本《庄子》杂篇的那些篇章含有向秀的注，那么这些篇章在向秀本《庄子》中一定是列于外篇的。由此可知，至少就向秀和郭象两本来说，在向秀本《庄子》中属于外篇的篇章，有多篇被郭象移入了杂篇。因此，可以断言，我们今本所见的《庄子》的外、杂篇之分别，确实出于郭象个人的编排。

分篇固然是一种典籍形式上的结构方式，但其中是否有学理上的意义呢？郭象等《庄子》的编注者似乎都没有作清楚的说明。唐代的道士成玄英写了一部《庄子疏》，进一步疏通、阐说《庄子》和郭象的《庄子注》，在这部庄学史上重要著作的序里，他有一个说明：

> “内”则谈于理本，“外”则语其事迹。事虽彰著，非理不通；理既幽微，非事莫显。欲先明妙理，故前标内篇。内篇理深，故每于文外别立篇目。郭象仍于题下即注解之，《逍遥》《齐物》之类是也。自外篇以去，则取篇首二字为其题目，《骈拇》《马蹄》之类是也。

成玄英认为，《庄子》内篇主“理”，外篇主“事”，理、事二者不同，但理、事应该相互发明，他提出了内篇具有“理深”而“幽微”的特点，外篇则起到彰显内篇之“理”的作用。这一观点，在后代许多论者那里得到响应，可谓绵延不断。

不过，也因此引出更复杂的问题：既然内、外、杂之分别，具有义理上的不同意义，那就渐渐与所谓《庄子》各篇是否体现了庄子的意旨，乃至是否出自庄子本人之手即所谓真伪之辨纠缠难解了。

2）真伪与先后

说到《庄子》各篇的真伪，也就是哪些篇章出自庄子之手为真、哪些篇章非出庄子之手为伪，宋代之前几乎不成问题。宋代人颇有怀疑的精神，勇于立新说，对儒家经书的疑惑之余，对于《庄子》的真伪也开始讨论了。前面我们提过，苏轼《庄子祠堂记》是这一潮流的代表，以为司马迁《史记》有关庄子“其学无所不窥，然其要本归于老子之言”的说法是“知庄子之粗者”：

> 余以为庄子盖助孔子者。……故庄子之言，皆实予，而文不予，阳挤而阴助之，其正言盖无几。至于诋訾孔子，未尝不微见其意。其论天下道术，自墨翟、禽滑釐、彭蒙、慎到、田骈、关尹、老聃之徒，以至于其身，皆以为一家，而孔子不与，其尊之也至矣。然余尝疑《盗跖》《渔父》，则若真诋孔子者。至于《让王》《说剑》，皆浅陋不入于道。

苏轼认为庄子是推尊孔子的，即使表面文字排诋、批判，但暗地里是帮着孔子的。从他所持的《庄子》与儒学关系的观点来说，《盗跖》《渔父》两篇骂孔子太厉害，像是真的批判了，所以不可靠，不该是庄子的手笔。至于《让王》《说剑》则太“浅陋”，也不是。苏轼进而给出了一个文本上的推测，说杂篇中连着的这四篇是被无知者贸然混入的章节：

反复观之，得其《寓言》之终曰：“阳子居西游于秦，遇老子。老子曰：‘而睢睢，而盱盱，而谁与居。太白若辱，盛德若不足。’阳子居蹴然变容。其往也，舍者将迎其家，公执席，妻执巾栉，舍者避席，炀者避灶。其反也，舍者与之争席矣。”去其《让王》《说剑》《渔父》《盗跖》四篇，以合于《列御寇》之篇，曰：“列御寇之齐，中道而反，曰：‘吾惊焉，吾食于十浆，而五浆先馈。’”然后悟而笑曰：“是固一章也。”庄子之言未终，而昧者剿之以入其言。

这里，苏轼引的《庄子》文字与《庄子》原文并不完全一致，但就文意的脉络而言，他认为《让王》之前的《寓言》篇最后阳子居与老子一节，与《渔父》之后的《列御寇》篇首节列子之事，可以相联，“是固一章也”，所以《让王》《盗跖》《说剑》《渔父》四篇是“昧者”插入《寓言》和《列御寇》之间的伪作。

苏轼之后，《庄子》篇章真伪之辨渐成气候，明代宋濂的《诸子辨》和清代姚际恒的《古今伪书考》都是古籍辨伪学史上的名著，它们都支持苏轼的观点，将《让王》等四篇认定为伪。

超越个别篇章，就《庄子》全书而论，后世有人进而断言《庄子》的内篇出自庄子本人手笔，而外篇和杂篇则是庄子后学的阐说。比如清初的大学者王夫之著有《庄子解》，就是这么说的，而这几乎成了一种主流的见解。

我们已经讨论过，《庄子》并不是庄子一人的著作，而是一部丛书性的文集，所以，从《庄子》应该是庄子本人的著作出发，来推考何为真、何为伪的观念和做法，便包含了基本的谬误。以是否出于庄子手笔为准来判定《庄子》之真、伪，不妨转换为考虑《庄子》各篇的先后主次及其相互之间的关系问题，这或许比较符合《庄子》作为一种各篇章思想、精神之间存在类似、相关性的丛书的性质。

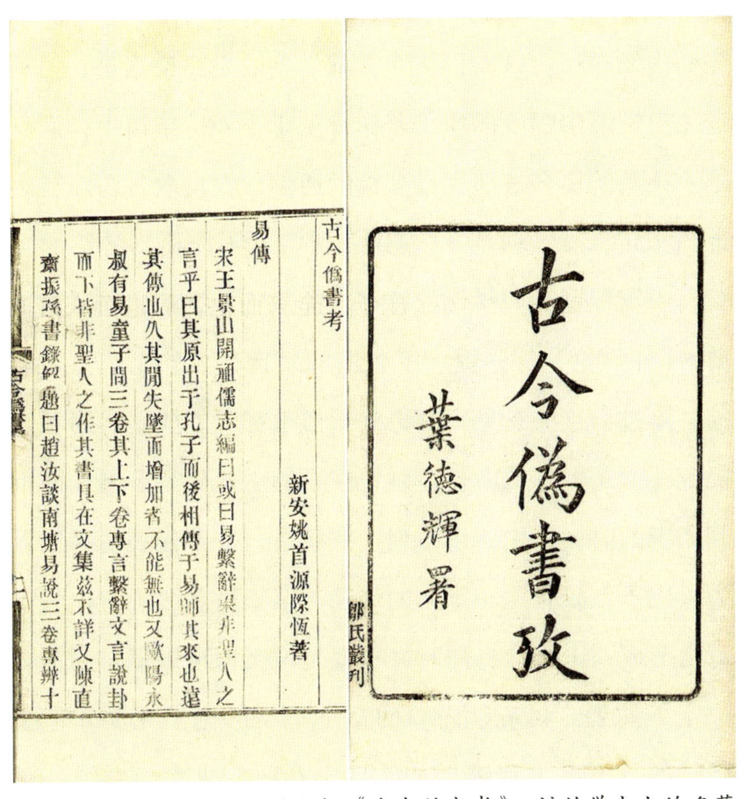
古今偽書攷
葉德輝署
郋氏叢刊

古今僞書考
新安姚首源際恆著
易傳
宋王景山開祖儒志編曰或曰易繫辭果非聖人之
言乎曰其原出于孔子而後相傳于易師其來也遠
其傳也久其間失墜而增加者不能無也又歐陽永
叔有易童子問三卷其上下卷專言繫辭文言說卦
而下皆非聖人之作其書具在文集玆不詳又陳直
齋振孫書錄解題曰趙汝談南塘易說三卷專辨十

姚际恒《古今伪书考》，辨伪学史上的名著

《庄子》全书撰成的先后次第，主流意见一般认为内篇在前。任继愈《庄子探源》一反常见，以为外、杂篇在先而内篇在后。这一说法在文献学上的主要论据是，司马迁《史记》中提及的庄子著作皆见于今外、杂篇中，而且外、杂篇的篇名按照先秦名篇的通例，大抵取各篇篇首之数语拟定，如《骈拇》《马蹄》等，并不能概括各篇的主旨；内篇标题类似汉代的纬书，都是三个字的，如《逍遥游》《齐物论》等，提示了各篇的宗旨，显然是有意为之的。不过，这些意见，如果细想似乎都不能成立：司马迁提到《盗跖》等篇，是在判定庄子的学术延续了老子而批判儒家的时候，之所以举列这些篇目，并不代表司马迁以为《庄子》只有这一倾向的作品。至于篇名之确定，与篇章之形成，未必出自同时，也就是说文章可以早，而篇名拟定不妨迟。再说，内篇的文字不少已见于先秦其他文献，如吕不韦主持编撰的《吕氏春秋》成书于秦统一之前，书中引及《庄子》内篇的便有《逍遥游》(《求人》)、《齐物论》(《听言》)、《养生主》(《精通》)、《人间世》(《听言》)、《大宗师》(《本生》)等，所以时代不可能迟至汉代司马迁之后。

晚近，刘笑敢等学者从语词构成的角度，提出内篇使用单字为词的道、德、命、精、神等重要概念，而由它们复合而成的道德、性命、精神等词多见于外、杂篇，依据单字为词的时代在前的通例，可以支持《庄子》内篇完成在外、杂篇之前的判断。(《〈庄子〉内篇早于外杂篇之新证》)

不过，我们也得了解，即使内篇形成在先，外、杂篇中的不少文字形成的时间也不会太迟。对照著作年代相对可定的先秦著作《荀子》《韩非子》和《吕氏春秋》，它们引述《庄子》外、杂篇的文字，分别涉及《秋水》《马蹄》《至乐》《则阳》《列御寇》《达生》《让王》(以上《荀子》)，《山木》《庚桑楚》《徐无鬼》(以上《韩非子》)，《胠箧》《天地》《达生》《山木》《田子方》《知北游》《庚桑楚》《徐无鬼》《则阳》《外物》《让王》《盗跖》《渔父》《天下》(以上《吕氏春秋》)等，去其重复，共得十八篇，占《庄子》外、杂篇二十六篇的约百分之七十。当然，我们不能认定这十八篇在先秦时代已完整成型，就是我们现在看到的模样了，但大概可以说，先秦时《庄子》篇章很大部分的文句乃至段落已然出现，且它们在今天所见的《庄子》书中的分布相当广泛。

简而言之，今本《庄子》很大一部分文句、段落、篇章，形成的时间相当早。

3.《庄子》应该这样读

明白《庄子》内、外、杂各篇形成的先后，不仅是为简单地了解一个经典的文献学事实，主要还是为更好地把握其思想的关键，并进入其精神世界。

既然《庄子》内篇先于外、杂篇，那么可以说内篇处于核心地位，外、杂篇是进一步的发挥、阐发。王夫之《庄子解》曾如此比较内、外篇的不同：

外篇非庄子之书，盖为庄子之学者，欲引伸之，而见之弗逮，求肖而不能也。以内篇参观之，则灼然辨矣。内篇虽参差旁引，而意皆连属；外篇则踳驳而不续。内篇虽洋溢无方，而指归则约；外篇则言穷意尽，徒为繁说而神理不挚。内篇虽极意形容，而自说自扫，无所粘滞；外篇则固执粗说，能死而不能活。内篇虽轻尧舜，抑孔子，而格外相求，不党邪以丑正；外篇则忿戾诅诽，徒为轻薄以快其喙鸣。内篇虽与《老子》相近，而别为一宗，以脱卸其矫激权诈之失；外篇则但为《老子》作训诂，而不能探化理于玄微。故其可与内篇相发明者，十之二三，而浅薄虚嚣之说，杂出而厌观；盖非出一人之手，乃学庄者杂辑以成书。其间若《骈拇》《马蹄》《胠箧》《天道》《缮性》《至乐》诸篇，尤为悁劣。读者遇庄子之意于象、言之外，则知凡此之不足存矣。

王夫之的对比，对我们体会《庄子》内、外篇的差别，固然是有帮助的，不过似乎他过于激烈了，贬低外篇的价值有些过度，在他的眼中，甚至《骈拇》《马蹄》等都“不足存”了。不过，王夫之也多少肯定了外篇的价值，说其十之二三，可以与内篇互相发明。

分辨《庄子》内、外、杂篇之不同，但同时也充分注意作为一部书的整体，这三个部分之间的相互关联和相互发明之处，这确实是一条读《庄子》的恰当路径。

我们不必进行很复杂的义理分析，《庄子》有些篇的文字本身就明显标示了与其他篇章的相互关联。比如《刻意》篇先后出现了多次“故曰”，其中三处“故曰”所引的文字，便见于《天道》篇：

一、《刻意》：“故曰，夫恬惔寂漠虚无无为，此天地之平而道德之质也。故曰圣人休休焉则平易矣。”《天道》原作：“夫虚静恬淡寂漠无为者，天地之平而道德之至，故帝王圣人休焉。”

二、《刻意》：“故曰，圣人之生也天行，其死也物化。静而与阴同德，动而与阳同波。”《天道》原作：“故曰：知天乐者，其生也天行，其死也物化。静而与阴同德，动而与阳同波。”

三、《刻意》：“故曰，……无天灾，无物累，无人非，无鬼责。”《天道》原作：“故知天乐者，无天怨，无人非，无物累，无鬼责。”

这种在“故曰”之后援引既有的其他篇章文字的情

形，说明了什么呢？综观古代文献，我们知道，古代阐说前代的篇章和意旨，往往采取补充事例加以解说的方式。在作出自己的阐发之后，行文中照例要明白地引出所阐释对象的原来文句，作出总结。王夫之以为《庄子》的外篇“但为《老子》作训诂”，而《胠箧》篇里有“故曰：‘鱼不可脱于渊，国之利器不可以示人’”的话，便恰是引今本《老子》三十六章的。

不仅《庄子》本身有很多这样的例证，其他的典籍中也常见。之前我们说过，《管子》不是管子一人的著作，其篇章是先后形成，再经汇辑的。《管子》有几篇，篇名就叫《牧民解》《形势解》《立政九败解》《版法解》《明法解》，它们本来就是诠解《牧民》《形势》《立政》《版法》《明法》等篇的，这两组文字之间的关系，或许就像王夫之眼中的《庄子》内篇与外、杂篇之间的关系。我们来看《管子·形势解》的第一节：

山者，物之高者也。惠者，主之高行也。慈者，父母之高行也。忠者，臣之高行也。孝者，子妇之高行也。故山高而不崩，则祈羊至。主惠而不解，则民奉养。父母慈而不解，则子妇顺。臣下忠而不解，则爵禄至。子妇孝而不解，则美名附。故节高而不解，则所欲得矣，解则不得。故曰："山高而不崩，则祈羊至矣。"

这节文字最末"故曰"之后所引的句子，就是《管子·形势》的首句，也就是说《管子·形势解》的第一节是对《管子·形势》开篇的解释和阐发。

《庄子》之前的《老子》，是道家最初的重要经典，后世影响之大不必赘言，而现在能见到的最早的阐释性著作要属《韩非子》，它的《解老》篇以义理的论说为主，《喻老》篇以事例的补证为主，不妨分别举一个例子：

德者，内也；得者，外也。"上德不德"，言其神不淫于外也。神不淫于外则身全，身全之谓得。得者，得身也。凡德者，以无为集，以无欲成，以不思安，以不用固。为之欲之，则德无舍，德无舍则不全。用之思之则不固，不固则无功，无功则生有德。德则无德，不德则有

德。故曰："上德不德，是以有德。"(《解老》)

智伯兼范、中行而攻赵不已，韩、魏反之，军败晋阳，身死高梁之东，遂卒被分，漆其首以为溲器。故曰："祸莫大于不知足。"(《喻老》)

《韩非子》无论是阐说还是举例，都是为了将《老子》文本的意思讲明白，这里，《解老》和《喻老》篇的两处"故曰"，其后的文句便分别出于今本《老子》的三十八章和四十六章。

结合这些相关文献所显示的事实，回头来看《庄子·刻意》篇中的"故曰"引述《天道》篇的文字，就很容易理解了：《刻意》是在对《天道》作进一步的诠说，也就是说，像《天道》和《刻意》之间，是有主次、先后之别的。

既然《庄子》中的各篇，并不都是同质等齐的，不是都具有同样的重要性，其中有些只是诠说性或杂录性的，那么，我们需要首先阅读，并予以特别关注的，自然应该是那些文气和意脉通贯的篇章了，比如内篇的《逍遥游》《齐物论》《养生主》，外篇的《秋水》之类。

三 《庄子》的世界

1. 内篇要义：从《逍遥游》到《应帝王》

我们已经知道，《庄子》内篇成篇的时代较早，常常也被认为是《庄子》一书的主要部分，它们大致也构成了《庄子》思想的基本轮廓。

在有限的篇幅里无法就现存《庄子》全部三十三篇作介绍的情形下，似乎应该对内篇的主旨作一个简要的钩玄提要，以便为后续综合谈《庄子》思想作导引。

《逍遥游》是《庄子》内篇的第一篇，也是整部《庄子》的第一篇，应该说具有头等的重要性。它开篇以如今人们耳熟能详的鲲鹏升腾九万里，而后展翅南翔的寓言，呈现了一个广阔的世界图景，但这在《庄子》的心

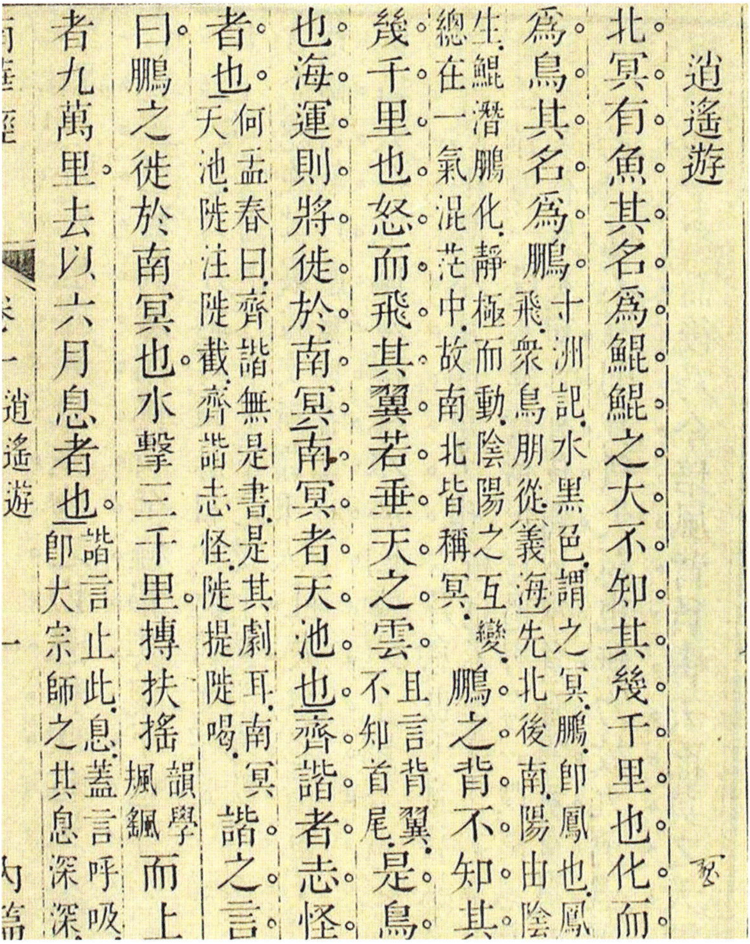

逍遙遊

北冥有魚其名爲鯤鯤之大不知其幾千里也化而爲鳥其名爲鵬十洲記水黑色謂之冥鵬卽鳳也鳳飛衆鳥朋從羲海先北後南陽由陰生鯤潛鵬化靜極而動陰陽之互變總在一氣混茫中故南北皆稱冥鵬之背不知其幾千里也怒而飛其翼若垂天之雲且言背翼不知首尾是鳥也海運則將徙於南冥南冥者天池也齊諧者志怪者也何孟春曰齊諧無是書是其劇耳南冥天池陡注陡截齊諧志怪陡提陡喝諧之言曰鵬之徙於南冥也水擊三千里搏扶搖韻學飈颻而上者九萬里去以六月息者也諧言止此息蓋言呼吸卽大宗師之其息深深

《逍遥游》书影

目中，实在还不能算“逍遥”之“游”，因为鲲鹏之所以先得向上升腾九万里，就是为凭借高天的云气承载，而后飞向南方自己的目的地，这仍是一种依待，是一种其有限性的证明。推而广之，宇宙人间的一切，如何能绝对超然而置身其外呢？怕是无法做到，所能做的，是尽量减少一己之私的身心欲求，追求无我（用《逍遥游》的话说，即“无己”），而与天地自然之道协调、契合，所谓“乘天地之正，御六气之辩”（《逍遥游》）或“天地与我并生，而万物与我为一”（《齐物论》），从而达到最大、最高的“自由”之境。

也正因为《庄子》在天地自然和人之间，持有这样的一种观点，所以《庄子》内篇的第二篇《齐物论》开篇，描写的便是一位形如槁木、心如死灰的人物，摆脱了自我的种种身心欲求，进入了“吾丧我”（很大程度上，类似于《逍遥游》的“无己”）的状态。如果单纯到达“无我”或“无己”的状态，还不够，人们总得面临如何应对周遭现实的问题。应对现实，便有一个如何看待的问题在。《齐物论》即是这个意义上，讨论如何从与天地自然合一的高度上，返顾世间种种事物、言论。世间的种种事物，都处于层层交错的对比关系如长短、善恶、是非、美丑等等之中，人们难免站在某一特定的立场、从某一特定的视角来表述自我、评判他者，难免自我肯定而贬斥他者。在《齐物论》看来，这就是世上无数纷争的根由。超乎其上的恰当态度，是同情地了解各有所偏的立场和姿态，各有其是非，不必相争相杀；如果一定要争的话，庄子的态度便是“彼亦一是非，此亦一是非”，即是说，各自在自己的境遇下都有道理，而易位以处，就可能失去了合理性。过去人们常常将这认定为“相对主义”，“和稀泥”，实在是没能体会《齐物论》的真意。庄子只是不想也不愿陷身于各种片面而无休止的纷争之中，而持一种超乎其上又怀抱同情甚至怜悯的息事宁人的态度。

从高翔的“与天地精神往来”(《庄子·天下》)的境界，回到现世之中，人所面对的首先是生存和生命的问题，这是《庄子》内篇第三篇《养生主》所涉及的。“庖丁解牛”是非常有名的故事，在《养生主》的意义脉络中，它所谈的其实是人们在这个世界上如何能不与种种外物相冲突而受伤，避实蹈虚，尽其天年，顺利走过上天所给与我们的一生——想来这是一个可怕的随时可能鲜血淋漓的旅程啊。生存，最后不免走到终点，《养生主》后来提到了老聃也就是老子的死（这当然是庄子的随意编派，并没有确实的史实根据），针对人们哀伤情绪的宣泄，提出安时处顺，理解生命之来去皆出自然的通达观念。由此也可以明白，庄子之所谓“养生”，并不仅仅关乎物质形体上的生命存在，而是包含着生命的来、去这一整个过程的，所谓“死生为一条”（《德充符》）、“死生存亡之一体”（《大宗师》）。这样来认识生命的出现、存在和消失，才是真正与天地自然的节律相契合的。

从“逍遥”的自由之境回返人寰，在如何看待各种歧议纷争，如何保养生命、善始善终之后，《庄子》内篇接下来的《人间世》讨论的是如何实际处世。从孔子和颜回的对话开始，在一个充满危险、朝不保夕的乱世中，庄子给出的策略是不必执着自我，当“虚而待物”，以“无己”应对，明白“知其不可奈何而安之若命”，坦然以“无用”的姿态行世。

《德充符》以一系列外形丑陋或肢体残缺的人物形象，写出他们内在的充实，大致表达了在人世间，德性的修养和完善，是远高于形迹的——或许在不完满甚至恶劣的外在情形下，我们能把握的只是我们的内在。

《大宗师》在很大程度上涉及了之前各篇以及《庄子》全书的许多主旨，谈到了“道”的特征，谈到了体认“道”的“离形去知”的途径，谈到了生命乃是“死生存亡”为“一体”的，由此可以关联到《庄子》的其他多篇文字。

《庄子》内篇最后的第七篇《应帝王》，主要是讨论政治的，主旨在“顺物自然而无容私焉，而天下治矣”，也就是无为而治，是一种顺应的政治。所谓无为，建立在对世间万物包括社会的特性尊重和顺应的基础之上，不应去做有违治理对象本性特点的事，这一点在《庄子》外篇开始的《骈拇》《马蹄》《胠箧》等几篇中，有进一步的阐说。

我们无须就《庄子》的三十三篇一一点评下去。如前所述，很久以来，研读《庄子》者，便认识到《庄子》各篇之间有相互的关涉，关心、谈论的话题和意旨，往往近似甚至相同。这也使得尝试综合性梳理《庄子》的主要观念、态度和思想成为可能。

2. 天地宇宙与三重突破

1）自然环境

古时，人们的生活世界并不广阔。孔子和孟子曾游历各国，试图推行自己的理想政治，在中原地区，他们或许有较多的亲见亲闻。而庄子一生，仅仅担任过漆园吏，是一个很小的官，而且漆园究竟是指种植漆树的园子还是简单的一个地名，也没法弄明白了。说到游历，庄子是宋国人，《庄子》书里比较明确提到的，大概是他曾去魏国大梁见他的朋友惠施，旅行的范围比孔子要小得多吧。但他所面对的世界，他所观察的世界，自有他的特点。

如果看庄子的生活环境，通常是日常家居或自然山

庄子有时被称为漆园吏

林。比如，他常常待在河边。之前谈庄子生平，说到他拒绝楚国国君派使者来聘请时，便是在河边悠闲地持竿钓鱼。再如，那个后世演化成“螳螂捕蝉，黄雀在后”的故事，就是他在山林之中观察所得的经历：

庄周游于雕陵之樊，睹一异鹊自南方来者，翼广七尺，目大运寸，感周之颡而集于栗林。庄周曰：

“此何鸟哉，翼殷不逝，目大不睹？”蹇裳躩步，执弹而留之。睹一蝉，方得美荫而忘其身；螳螂执翳而搏之，见得而忘其形；异鹊从而利之，见利而忘其真。庄周怵然曰：“噫！物固相累，二类相召也！”捐弹而反走，虞人逐而谇之。

庄周反入，三月不庭。蔺且从而问之：“夫子何为顷间甚不庭乎？”

庄周曰：“吾守形而忘身，观于浊水而迷于清渊。且吾闻诸夫子曰：‘入其俗，从其令。’今吾游于雕陵而忘吾身，异鹊感吾颡，游于栗林而忘真，栗林虞人以吾为戮，吾所以不庭也。”

庄子对于自然环境和其中的生物，有着丰富的观察和认知。仅仅以开篇的《逍遥游》来看，其中涉及的就有鲲鹏、斥鴳、蜩、鸴鸠、朝菌、蟪蛄、鷦鹩、鼹鼠、狸狌、斄牛。《庄子》全书中出现的动物之丰富，应该可以与屈原“楚辞”作品中出现的植物花草之丰富相比吧。

比较孔子、孟子乃至老子这些春秋战国时代的思想者，庄子更多地生活在自然的环境里面，所以他的视野是在更为自然的天地之间展开的。

在天地之间展开的视野和感受，会有什么不同之处呢？

2）空间展开

古代经典开篇很有意思，开卷读来，可以窥见其所包含的精神世界。《论语》的“学而时习之，不亦乐乎”（《学而》），呈现了一位“敏而好学”（《公冶长》）的教育家形象；《孟子》开篇见梁惠王的说辞，凸现的是周游列国、能言善辩、极力推展自己政治理念的孟子。

《庄子》开篇则是鲲鹏展翅，推出一个宏大的世界。这里有鱼有鸟，有大海有天空，包罗万有，而不仅仅是人的世界。这才是古人身处其间的真实的世界，万物纷纭，并生并育，一起展示着自己的色彩声息：

北冥有鱼，其名为鲲。鲲之大，不知其几千里也。化而为鸟，其名为鹏。鹏之背，不知其几千里也。怒而飞，其翼若垂天之云。是鸟也，海运则将徙于南冥。……水击三千里，抟扶摇而上者九万里。

“北冥有鱼”这节文字，令许多人醉心，大概正是因为其展现的宏大境界：巨大的鲲鹏，一飞冲天九万里，它的天地得有多辽阔！

我们当然知道，现实世界中不会有那么大的动物，无论是鱼还是鸟；它们也不可能一举高升到九万里的高空，那应该已超出大气层之外了，鲲鹏绝对无法呼吸视听。

那么这个开篇意义在哪里？

既然这不是现实，那便只能是对一种精神境界的形容了。随着鲲鹏的高升，庄子的精神视野和心胸，超脱出平常的世界，跳出日常的格局——这是空间维度上的极大拓展。雨果有一句名言：比大地广阔的是大海，比大海广阔的是天空，而比天空更广阔的是人的心灵。心的世界是至大的，只是一般人忘却展开它而已。

当超然上升到一个更高的境界，事物的原本状态，并没有改变，但它对于人们的意义就不同了。《庄子》有一则寓言：小蜗牛的左角上有一个国家，右角上也有一个国家，两国之间不断争战，死者成千上万：

有国于蜗之左角者，曰触氏；有国于蜗之右角者，曰蛮氏。时相与争地而战，伏尸数万，逐北旬有五日而后反。(《则阳》)

在蜗牛角上的这两个国家看来，它们所争夺的，自然非常要紧，所以不惜付出惨重的生命代价；然而处身它们非常局限的世界之外来看，这样的断杀实在可笑得很。为什么？因为我们是站在一个更高的立场上观照。同样的道理，如果站在鲲鹏高飞所在的宇宙立场，回顾有限格局中人类的种种作为，是不是一样很可笑？

这不是退一步海阔天空，而是“欲穷千里目，更上一层楼”之后的心胸豁然开朗。

3）时间意识

世间的种种都存在于时空之中。空间的限制比较直观，“山外青山楼外楼”，在你目力所及的世界之外还有另外的天地，比如北方的不毛之地（《逍遥游》所谓“穷发之北”）。此外，一个基本的向度是时间。鲲鹏展翅，呈现的是空间维度的大境界，而庄子对于时间尤其是时间的有限性，也抱有清醒的觉悟。《逍遥游》说“朝菌不知晦朔，蟪蛄不知春秋”——早上出生，晚上就枯死的菌芝，不会知道一个月的时间变化；春生夏死，夏生秋死的蝉，不会知道一年的时光绵延——这两句提示人们要在时间维度上突破自我的局限。

但是，时间的限制，相形而言比较抽象。动物更多地活在当下，只有人，才具有更充分的时间意识，更了解时间的意味，孔子就曾感叹“逝者如斯夫”（《论语·子罕》）。

要突破时间的限制，超越有限的人生，儒家的想法是努力作为，留下善行、善业，在身后依然有益于人群和社会。庄子大概不这么想，他更多地希望打开我们精神的空间，从更长程的视野来观察我们的生活，把握有限生命的意义，而不要局限在眼下的蝇营狗苟。人生没有那么多过不去的坎，也没有那么多不能放下的执着，眼前的困境如果从人生旅程的长时段来俯瞰，本来或许就是一瞬。苏东坡有一首词，是他经历了几乎让他丧命的文字狱“乌台诗案”，被贬到黄州之后写的。那晚他喝醉了酒，回家的时候家中小童鼾声大作，敲门都不应，东坡忽然有了感悟：

夜饮东坡醒复醉，归来仿佛三更。家童鼻息已雷鸣。敲门都不应，倚杖听江声。

长恨此身非我有，何时忘却营营。夜阑风静縠纹平。小舟从此逝，江海寄余生。（《临江仙》）

“长恨此身非吾有，何时忘却营营？”这得到庄子的启发，《庄子》有“汝身非汝有也……是天地之委形也”（《知北游》）的话，即是说，你的身体并不是你所真正拥有的，只不过是天地自然暂时托付给你的这么一个形体而已。既然如此，就不妨坦然接受这样的事实：“全汝形，抱汝生，无使汝思虑营营。”（《庚桑楚》）好好保全你的身体和生命，不要忧心忡忡、辛苦操劳，自自然然地过好这一生。

4）文化突破

庄子不仅意识到空间和时间的有限性，更了不起的是意识到文化的有限性。

人不仅是物质的存在，还是文化的存在。我们所生长的文化环境，是帮助我们成长的条件，但也可以是一种限制。

《庄子·秋水》里有一个著名的故事：

秋水时至，百川灌河，泾流之大，两涘渚崖之间，不辩牛马。于是焉河伯欣然自喜，以天下之美为尽在己。顺流而东行，至于北海，东面而视，不见水端，于是焉河伯始旋其面目，望洋向若而叹曰："野语有之曰，'闻道百以为莫己若者'，我之谓也。且夫我尝闻少仲尼之闻而轻伯夷之义者，始吾弗信；今我睹子之难穷也，吾非至于子之门则殆矣，吾长见笑于大方之家。"

北海若曰："井蛙不可以语于海者，拘于虚也；夏虫不可以语于冰者，笃于时也；曲士不可以语于道者，束于教也。今尔出于崖涘，观于大海，乃知尔丑，尔将可与语大理矣。”

当夏天涨水期水流浩大的时候，黄河的河伯为自己的壮阔非常自得，但当东流到海，面对浩渺无际的大海，河伯不禁自惭形秽。海神北海若于是这样开导他：井里的青蛙，无法让它理解大海，是因为它被生存的地域限制住了；夏天的虫子，无法让它理解冰雪，是因为它被生存的时节限制住了；固执于偏见的人，无法让他理解大道，是因为他被所接受的教育限制住了。

这番话，前两句是比喻，后一句是关键。“井底之蛙”识见狭隘、自鸣得意，是因为被所居住的“虚”（墟）即废井的有限空间给限定了；“夏虫不可以语于冰”，突出的是“时”的维度——这两句，将我们前面提到的空间、时间两个维度包揽无遗。最后这句“曲士不可以语于道者，束于教也”，是指识见寡陋偏执的人，他之所以不能明道，是受到了他所接受的知识和教养的限制。一般都认为知识、教养是正面的，但在道家看来，却未必。当高度关注某一点

黄河壶口瀑布

尽管如此撼人心魄，还是无法与大海相比。

某一方面而不及其余的时候，你就会有很大的盲区，任何文化都不能放之四海而皆准，《庄子·逍遥游》说：

> 宋人资章甫而适诸越，越人断发文身，无所用之。

庄子的老家宋国，有人到南方的越地去卖礼帽礼服，但是越人的头发都是剪短的，身体赤裸而做了纹身，于是，礼帽、礼服对他们便是多余的了。如果想得更深一层，宋人是被周人推翻的殷商人的后裔，殷人的传统礼帽礼服，毋庸赘言具有鲜明的文化象征意味，然而企图将自己的文化象征不顾环境、条件，推销到越地去，那不能不说是反而受困于自己的文化认知了。

这种多元文化的意识，对于文化相对性的认识，在今天全球化的时代，当然是比较好理解的，而在庄子的时代，不能不说非常敏锐、非常先进。

庄子敞开自我，面对天地自然，充分意识到我们面对的空间、时间和文化的局限，因而表达了对于这三种局限的突破意向，由此达到一个更为高远和宽广的境界。这在先秦时代诸子的视野中，是罕见的。

3. 齐物视野：人与万物的勾连

庄子对于时、空和文化的局限有充分的自觉，进而力图突破而升华到更高的境界。但这是一种精神上的方向，升腾之后也还是要回头面对现实的世界，而不能只管仰头远眺天边的云朵。

1）由“道”观“物”

那么，庄子回望俗世，是怎样的一种姿态呢？

立足于高远的境界，回看世间的种种事物情状，庄子表现出的是一种居高临下、等齐观照万物的姿态。《庄子》里的《齐物论》，其实就是这么来的：世间万物高下、大小、贵贱等的种种差别，都是不恰当的，万物应该是平等的。

人们往往误会了“齐物论”，以为庄子讲的是万事万物不管如何千差万别，都是一样的。可是，庄子怎么会以为自己穷困潦倒饿肚子，和那些端居高位脑满肠肥的家伙是一样的？

庄子只是想说，当你突破了有限的、个别的、片面的立场，你就会了解那些无论世俗如何褒贬、如何抑扬的种种事物，都有它们作为整个世界一部分而存在的理由和意义，都有它们即使互相对立也无法完全互相排斥的关联。近代著名的艺术家和高僧弘一法师，临终写下“悲欣交集”四个字，人生的欢乐和悲哀是错落交织在一起的，两者当然是不同的，但一定要分出此是彼非、此高彼下，则完全无法做到，它们都是人生必然的组成部分。

回到《庄子》，来看一个流传至今的成语——朝三暮四。虽然，这个成语的意思已经变得庄子自己都认不得了，通常指一个人心意飘忽多变，但当初《齐物论》可不是这么个意思：

狙公赋芧，曰：“朝三而暮四。”众狙皆怒。曰：“然则朝四而暮三。”众狙皆悦。

养猴子的人喂猴子吃果子，说：“早上给你们三个，晚上给你们四个。”猴子们大怒。养猴子的人改口说：“那早上给你们四个，晚上给你们三个。”于是猴子们都心满意足了。

猴子的问题在哪儿呢？猴子没有整全的视野，不能统览全局，听说早晨给的果子少，就不高兴了，根本没有联系到晚上给得多这一情况；告诉它们晚上的份额减少，早晨的果子增加，它们立刻转怒为喜——猴子看到的只是眼前的利益。这也难怪，动物基本是活在当下的，我们之前说过，它们缺乏时间意识，更别说具备历史感和对未来的谋划了。

人与猴子是近亲，猴子犯的错误，人也一再犯。多数人没有整全的视野，足够聪明的人有；但这也存在一个如何与众人相处的问题。或许，可以仿效养猴的狙公，因顺猴子们的愿望，而最后的结果其实一样，橡果的总数并没有增减，不同的是，调整之后，皆大欢喜。猴子的喜悦之外，我们好像也听到了庄子似有若无的笑声。

养猴者狙公之所以值得效法，就是因为他能把握全局，在全局的视野之下，朝三暮四和朝四暮三是没有区别的。在庄子看来，一味看到世间的种种差别，固执于这些差别，都是站在片面立场上的结果。所以，猴子的立场不可取，而养猴者的立场才是恰当的。

养猴者与猴子之所以不同，说到底，在境界。

庄子对这两种境界，分别谓之“道”和“物”。“道”与“物”之间隔着鸿沟，它们属于不同的世界。“道”是整全的，超乎个别的“物”之上，所以对于贵贱之类区别，并不执着，故曰“以道观之，物无贵贱”（《秋水》）——从“道”的立场来看，世间万物齐同，无分贵贱。至于“物”，则是个别的、自我的，因而，种种区别性的范畴如贵贱、小大，作为确立自我的重要标志，被突出出来。通常的情形是赋予自我更高的价值地位而加以肯定，同时对他者作出较低的价值评断而加以贬斥，即所谓“以物观之，自贵而相贱”（《秋水》）——从事物自身的角度来看，万物都自以为贵而互相贱视。

这样的情况在历史和现实中是很多的，比如百家争鸣的时代，有所谓“道不同，不相为谋”（《论语·卫灵公》）

的说法。司马迁《史记·老子韩非列传》将孔子的这句话，移来评说儒、道之争："世之学老子者则绌儒学，儒学亦绌老子，'道不同，不相为谋'，岂谓是邪?"身处争论漩涡之中，争得不亦乐乎的样子可想而知。

2）反思立场

庄子的"齐物论"，给予人们一个很大的启示，就在于对我们自己的认知和判断，要有充分的反省，不能以自我为中心，不能自以为是。

《齐物论》里面，有一段听起来很奇怪的话：

天下莫大于秋豪之末，而大山为小；莫寿于殇子，而彭祖为夭。

天下的事物，没有比秋天鸟兽身上长出的毫毛的顶端更大的了，而泰山（即文中的"大〔太〕山"）却算是小的；没有比未成年而夭折的幼儿更长寿的了，而据说活了七八百岁的彭祖却是短命的。

这是非常奇怪的说法。泰山，先秦时代就以高大著称，李斯在劝谏秦王不要驱逐来自其他诸侯国的才士能人时便说："太山不让土壤，故能成其大；河海不择细流，故能就其深；王者不却众庶，故能明其德。"(《谏逐客书》)然而庄子却说天下"大山为小"，实在是非常可异之论。

然而，这看似荒谬的论断后面，确有庄子的洞见。

人们看待、评价任何事物，其实都有一个特定立场和视角。说蚂蚁小，说大象大，都是以自我形象为标准的，只是往往我们以此为理所当然，连自己也忘了自己是从一个特定的自我的立场来看待世界的。庄子特意突出的就是这一点：既然事物之间的情状都是相比较而言的，那么站在不同的立场、采取不同的视角，对事物的观照就是不同的，甚至可以与我们通常的印象截然不同——秋天鸟兽身上新生的体毛看似微末，但从更微末的角度来看，它们可以是巨大无比的；泰山在我们人类看来固然很高大，但在天地之中，则微不足道。站在朝生暮死的小虫的立场，未成年而夭折的小孩子寿命已长得不可想象；而七八百岁的彭祖，相对沧海桑田而言，不过短短一瞬间。所以，庄子的说法听着诡异，但后面有他的理路，他是在提醒世人，世上的一切因为观照角度、评判立场的差异，对它们的认知和评价，并不是固定不变的。

这一点，之前我们提到《秋水》篇里河伯与北海若相遇的情形，就显示得非常清楚：河伯当初自以为浩大无边，但抵达北海若面前时才见识了大海真正的无边无际，这时，海之大是显见的；然而，北海若很清醒，他接着就告诉河伯，自己相对于天地，不过沧海一粟而已。海之“大”，骤然转为“小”，关键正在于观照立足点的转移。

彭祖与寿星，一而二，二而一

人们看待世间事物，也是如此。如果你站在自己一方看待他者，那么当然你正确，而对方错；但若换一个立场来看，别人也会认为他是正确的，而你是错的。

世间许多事，要看从什么角度来观照。比如一味从差异的角度看，那么即使是非常相似的双胞胎，也能分辨出细致的差异。专门从相似的角度来看，则人们常常会说：你孩子和你太像了！但我们都知道，即使最相像的父子，也不会比双胞胎的相似程度更高。

旗蔽空釃酒臨江横槊賦詩固一世之雄也而今
安在哉況吾與子漁樵於江渚之上侣魚蝦而友
麋鹿駕一葉之扁舟舉匏樽以相屬寄蜉蝣於
天地渺滄海之一粟哀吾生之須臾羨長江之無
窮挾飛仙以遨遊抱明月而長終知不可乎驟得
託遺響於悲風蘇子曰客亦知夫水與月乎逝
者如斯而未嘗往也盈虛者如彼而卒莫消長
也蓋將自其變者而觀之則天地曾不能以一瞬
自其不變者而觀之則物與我皆無盡也而又何
羨乎且夫天地之間物各有主苟非吾之所有雖
一毫而莫取惟江上之清風與山間之明月耳得
之而為聲目遇之而成色取之無禁用之不竭是
造物者之無盡藏也而吾與子之所共適客喜而
笑洗盞更酌肴核既盡杯盤狼籍相與枕藉
乎舟中不知東方之既白
嘉靖甲辰冬十有一月六日書
玉蘭堂 徵明

超越个别的、固执的立场，我们可以超越偏狭的见解，有时候还能转化心境，更坦然地面对生活中的情绪。宋代的大文豪苏东坡，有一篇名文《赤壁赋》，写他与友人泛舟夜游赤壁。友人感叹山川长存，而人间的时光却飞速流逝，生命太过短暂，不禁黯然神伤；苏轼的劝

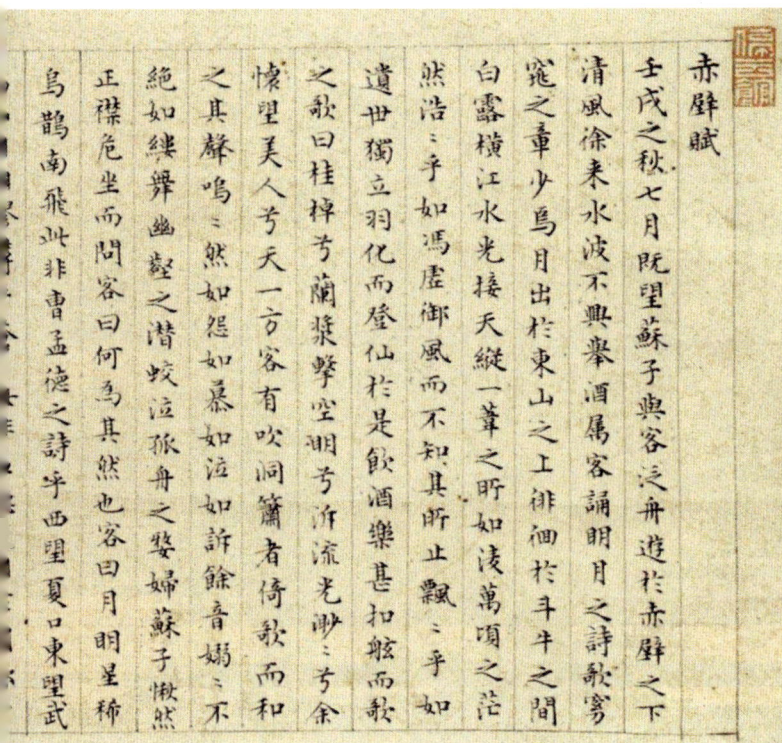

赤壁賦
壬戌之秋七月既望蘇子與客泛舟遊於赤壁之下
清風徐來水波不興舉酒屬客誦明月之詩歌窈
窕之章少焉月出於東山之上徘徊於斗牛之間
白露橫江水光接天縱一葦之所如淩萬頃之茫
然浩浩乎如馮虛御風而不知其所止飄飄乎如
遺世獨立羽化而登仙於是飲酒樂甚扣舷而歌
之歌曰桂棹兮蘭槳擊空明兮泝流光渺渺兮余
懷望美人兮天一方客有吹洞簫者倚歌而和
之其聲嗚嗚然如怨如慕如泣如訴餘音嫋嫋不
絕如縷舞幽壑之潛蛟泣孤舟之嫠婦蘇子愀然
正襟危坐而問客曰何為其然也客曰月明星稀
烏鵲南飛此非曹孟德之詩乎西望夏口東望武

文徵明小楷作品《赤壁赋》

慰，就显然脱胎于庄子的观念："自其变者而观之，则天地曾不能以一瞬；自其不变者而观之，则物与我皆无尽也。"——从变的角度来看，一切都在变化，天地也没有一刻停止过变化，否则如何有沧海桑田呢？从不变的角度来看，则我们与万物一样，都没有终结，我们不是都存在于天地之间吗？最终，苏轼和他的朋友转悲为喜，高高兴兴地喝醉了酒，躺倒在船上，一觉睡到次日天明。

3）融通心怀

转换视角，是更开放地看待世界的一种方式。说到底，提升境界，超越个别片面的立场，以融通包容的心怀面对世界，是最根本的，而且，由此，你看到的世界也会超乎寻常。

庄子和他终身的辩友惠子之间，有一次著名的濠上之辩。《秋水》载：

庄子与惠子游于濠梁之上。庄子曰："儵鱼出游从容，是鱼之乐也。"

惠子曰："子非鱼，安知鱼之乐？"

庄子曰："子非我，安知我不知鱼之乐？"

惠子曰："我非子，固不知子矣；子固非鱼也，子之不知鱼之乐，全矣。"

庄子曰："请循其本。子曰'汝安知鱼乐'云者，既已知吾知之而问我，我知之濠上也。"

庄子和惠子在濠水的桥上游玩。庄子说："白鱼优哉悠哉地游出来，这是鱼的快乐啊！"惠子说："你又不是鱼，从哪儿能知道鱼的快乐？"庄子说："你又不是我，怎么知道我不知道鱼的快乐？"惠子说："我不是你，所以不知道你；同样的道理，你也不是鱼，所以你不会知道鱼的快乐。这不就完了嘛。"庄子说："让我们回到话题开始的地方吧。你问我'从哪儿能知道鱼的快乐'，明明是已经知道了我知道鱼的快乐，才来问我'从哪儿知道'的。我就是在这濠水上知道的啊。"

明遗民八大山人（朱耷）笔下的鱼，仿佛与作者声气相通

庄子和惠施在濠上论辩的场景，多少年来萦绕人们心间。惠施是古代著名的名家，也就是讲究名实关系的逻辑学家，他坚持清晰的理性分析，在现实的层面上，认定庄子是不可能知道鱼是否快乐的。然而，庄子仍肯定鱼是快乐的。如果严格分析庄子应对惠施的话语，在逻辑上自然是有问题的：他将惠子质疑他无从知道鱼之快乐的“你从哪儿能知道”，转换成了实实在在的一句问句，回应说我就在这里、就在这濠水之上知道的，显然，这不是周洽的逻辑，最多显示了机智。

然而，世间不仅是现实，世间不仅有逻辑。庄子展示的是一个通达天地自然，与万物沟通无碍的心灵。鱼游水中，我游梁上，同样的自在率意，鱼我双方是融通的。鱼乐，实是我乐的映射；我乐，故而鱼亦当乐。杜甫有两句诗："感时花溅泪，恨别鸟惊心。"（《春望》）不妨移来作为佐证，只是一哀一乐而已。

庄子坚持自己的观感，反对的正是惠子的细琐分辩。这个世界有时候是不能分拆开来加以理解的，"七宝楼台，眩人眼目，碎拆下来，不成片断"（张炎《词源》）。人的情感往往也是不能且不必分析的，分析的时候感情就已不在。庄子想要强调的是，从整个天地自然的视野中看，人与世上万物之间是融通的、和谐的，是能够互相理解、互相感受的。人与人之间，乃至人和鱼之间不是隔绝的，就像庄子《齐物论》里那个著名的蝴蝶梦：庄子做梦成了一只快乐翻飞的蝴蝶，当他醒来，一时闹不清自己是不是蝴蝶做梦成了庄周？——庄周和蝴蝶不同，是站在人类理性立场上的判断，但只有在庄周梦蝶或者蝴蝶梦庄的相关相通之中，才有这个世界的美和全部——梦，本来就是人生必然的一部分。

元刘贯道《梦蝶图》，庄子精神的集中体现

4. 听从你的内心

1）尊重个性

庄子的“齐物”观念，在某种意义上肯定了万物各有其存在的理由，不能相互贬低、相互否定，这其实透露出对于个体的尊重。也可以说，庄子虽然强调要从天地自然的高远境界来观照世间万物，但他并不因此而忽略万物各自的特性。

《庄子》的《应帝王》篇最后，有一则寓言故事：

南海之帝为儵，北海之帝为忽，中央之帝为浑沌。儵与忽时相与遇于浑沌之地，浑沌待之甚善。儵与忽谋报浑沌之德，曰：“人皆有七窍以视听食息，此独无有，尝试凿之。”日凿一窍，七日而浑沌死。

南海的帝王叫儵，北海的帝王叫忽（儵和忽是当时南方用来形容时光飞逝的词），中央之地的帝王是浑沌。儵和忽时常到浑沌所在的地方相会，浑沌对他们很好。儵和忽就打算报答浑沌的恩情，于是他们每天给浑沌凿开一窍，到了第七天浑沌就死了。

儵、忽二位给浑沌“日凿一窍”，看来确实是出于好心，但他们似乎不懂世间万物缤纷多彩的道理，而以“人皆有七窍”的一般状况来要求所有人，不顾万物各自的品性，将单一面貌强加于人。本来浑沌虽然七窍不分，显得很是怪异，不过他在自己的状态里活得好好的，一定要抹去他的个性，就是置其于死地。

《庄子》一再讲到这一点，《至乐》篇还有一个故事：

昔者海鸟止于鲁郊，鲁侯御而觞之于庙，奏《九韶》以为乐，具太牢以为膳。鸟乃眩视忧悲，不敢食一脔，不敢饮一杯，三日而死。此以己养养鸟也，非以鸟养养鸟也。

鲁国城郊飞来一只很大的海鸟，鲁国国君很高兴，就毕恭毕敬将海鸟迎进太庙，演奏《九韶》这样庄严的音乐取悦它，奉上美酒和牛羊供它吃喝，每天如此。那海鸟如何呢？目光迷离，神色忧郁，不吃一口肉，不喝一口酒，郁郁寡欢，三天就死了。《庄子》说这是“以己养养鸟也，非以鸟养养鸟也”，也就是说，这是以养人的方式养鸟，不是以养鸟的方式养鸟。“以鸟养养鸟”，就是尊重不同于我的属于鸟的特性。

2）保守本真

对世间万物不同特性的肯定和尊重，更进一步，便是要保存万物各自的本真，或者说本来面目。

《庄子》里对所谓“美”有一个著名的说法：“朴素而天下莫能与之争美。”（《天道》）意思是说“朴素”是最美的。今天，“朴素”这个词很平常，对庄子这句话，人们或许会理解成：简单平淡就是最美的。但这绝不是庄子真正的本意。这里所谓“朴素”，不能从朴素简淡的美学风格上去理解，而要从“朴”“素”本来的意思说起。所谓“朴”，指未经砍伐加工的树木，东汉的王充解释：“无刀斧之断者谓之朴。”（《论衡·量知》）凡是经过剪叶修枝的树，都不算“朴”了。“素”则是未曾染过的布帛，现在说“素面朝天”，还保留了这个意思。“朴”和“素”合在一起，成为一个词，它们之间的共同点构成了“朴素”的真正意旨，即保持本来性状，未经装点改饰。

这层意思，《庄子》有一个譬喻讲得清楚而精彩：

百年之木，破为牺尊，青黄而文之，其断在沟中。比牺尊于沟中之断，则美恶有间矣，其于失性一也。（《天地》）

百年的大树被剖开，一部分做成祭祀时用的尊贵酒器“牺尊”，而且涂饰得色彩青黄斑斓，其余部分则被抛弃于沟壑之中。牺尊和被抛弃的枝干，在世俗的眼光看来，或许有美丑高下之区别，但在丧失其本来性状上则是一般无二的。

庄子心中，至高的不是美，而是保守本性的纯真，美是本性之真的结果。

明白了《庄子》“朴素而天下莫能与之争美”的真意，即保守天然本性就是美，那就可以真正理解东施效颦的故事了：

西施病心而矉（颦）其里，其里之丑人见之而美之，归亦捧心而矉其里。其里之富人见之，坚闭门而不出，贫人见之，挈妻子而去走。彼知矉美而不知矉之所以美。（《天运》）

西施因为心脏有病，常常皱着眉头；和她同乡的一位丑女看见了，觉得很美，回家路上也按着胸口，皱起眉头。村里的富人看见她的丑态，紧紧地关上大门不敢出来；穷人看见她的丑态，带上老婆孩子跑得远远的不敢接近她。《庄子》的评论是："彼知矉美而不知矉之所以美。"——她虽然知道皱着眉头很美，却不知道皱眉头为什么美。为什么呢？因为西施有心脏病。西施之颦，之所以美，其实不在她是美人因而一切皆美，而是因其"病心"，这是出自真"心"的。而东施效颦之所以丑，也不是因为她原本就丑，而是她并未"病心"，其颦非出本心，纯属模仿造作。东施一意追求世俗所认同的美，矫揉伪饰，导致丧失了自己的本真。可以设想，如果西施没有"病心"而

“颦”，恐怕庄子也会笑话她的吧。

这种违逆自己本性，而盲目认同并追逐世间一般价值的作为，是庄子一贯讥讽的。如《庄子》那个有名的“邯郸学步”的故事：

子独不闻夫寿陵余子之学行于邯郸与？未得国能，又失其故行矣，直匍匐而归。（《秋水》）

河北邯郸学步桥雕像

不妨也从这个角度去理解：燕国寿陵地方的一位年轻人，到赵国的邯郸去学那里的步态，结果没学好新的，原来走路的步法也忘了，只好爬回老家去。这不也是失其本来固有特性的结果吗？

为保持原来的状态，保持本真，庄子有时候甚至显得有点极端。

人类进化过程中，一个重要的里程碑就是制造和使用工具，人们不再是赤手空拳打天下，应付种种外在的威胁和生活的难题。然而，在《庄子》中有一个人却反对新工具的使用：

子贡南游于楚，反于晋，过汉阴，见一丈人方将为圃畦，凿隧而入井，抱瓮而出灌，搰搰然用力甚多而见功寡。子贡曰："有械于此，一日浸百畦，用力甚寡而见功多，夫子不欲乎？"

为圃者卬而视之曰："奈何？"曰："凿木为机，后重前轻，挈水若抽，数如泆汤，其名为槔。"为圃者忿然作色而笑曰："吾闻之吾师，有机械者必有机事，有机事者必有机心。机心存于胸中，则纯白不备；纯白不备，则神生不定；神生不定者，道之所不载也。吾非不知，羞而不为也。"

子贡瞒然惭，俯而不对。(《天地》)

孔子的弟子子贡，有一次经过汉水南岸，看到一个老人正在灌溉菜园。他开隧道、通水井，抱着瓦罐以水浇菜，看他很吃力，收效却很小。子贡就向他推荐用力少、收效大的抽水机械，用木头砍凿而成，前面轻，后面重，水可以抽得很快。老人听了之后，非但没有感谢子贡，反而忿然变色，指责子贡说：运用机械是行机巧之事，有了机巧的事，必定启动人的机巧之心；内怀机心，那么心中就不再纯真质朴，于是精神不宁，那么怎么承载得了大道呢？我不是不知道运用机械，而是因为它会启发机心，所以不那么做罢了！

实际看来，老人确实是排斥机械的，但他的话也很明显地表明，他是醉翁之意不在酒，反对的根本原因不在机械，而在使用机械便会生出机心，使得本性就此扭曲。

至此可以看到，庄子从对世间万物特性的尊重，到强调要尊重天下万物的本真和本来面目，最后，追到人本身，主张要保持本心、本性的自然纯真，这成为庄子非常重视的一个方面。

对本心、本性的重视，在整个中国文化史上，都是很有影响的一个观念。很多士人，都借庄子的思想，来表达坚持自我本性的立场和态度。

比如“竹林七贤”里的嵇康，身处曹魏皇室和司马氏集团的争斗冲突之中，身边的朋友也逐渐四分五裂，各奔前程，像七贤中的山涛就跑出来做官了，并且引荐嵇康，也想拉他进入官场。嵇康因此写了一篇有名的《与山巨源绝交书》，表达了自己断然拒绝的立场。当然在那样的政治形势之下，他也不方便直接表露自己的政治态度，所以说了一大通自己如何不适合官场的话，比如自己很懒，不耐烦天天批阅公文，书牍来往，甚至连小便也要憋到忍不住的时候才去如厕；比如自己很脏，不爱洗澡，身上虱子不少，与人说话时动不动要去摸、捉虱子，所以绝对穿不得官服，等等。读他这篇文章，常常会被这些奇异好玩的内容吸引，以为这就是魏晋时代放诞不羁的风度。其实，这些都是面上的话，嵇康讲这些，其实是要向山涛表明自己的脾气、性格，与山涛能进入官场不同，自己的本性实在是不适合那些繁文缛礼的；而人生最重要的事，乃是"循性而动"，也就是依循着自己的本性去生活。所以，你山涛走你的阳关道，我嵇康则走我自己的独木桥。这不正是对本心、本性的遵从和坚持吗？

说到对本性的遵从和坚持，不能不提到比嵇康晚一些的陶渊明。他是中国历史上第一位田园诗人，可他不是生就便如此的。陶渊明壮年也曾有十多年断断续续的求仕生活，出入当时几位权倾一时的风云人物身边，但最终他的选择是归隐田园，依照他自己诗文里的说明，是"悟已往之不谏，知来者之可追；实迷途其未远，觉今是而昨非"(《归去来兮辞》)，是他反省自己，最后觉得"少无适俗韵，性本爱丘山"，自己的本性还是更适合自然的园田而不是

嵇康像
南朝画像砖

官场红尘，于是，不如归去，“开荒南野际，守拙归园田”（《归园田居》其一）。陶渊明了不起，就在他对自己的本性有清醒的认识和自觉，听从本心的召唤，作出人生的重大抉择。

维护本心、本性的真纯，甚至影响到后来传入中国而与儒家和道家三足鼎立的佛教。我们都知道，佛教里面的禅宗，是最为中国化、影响也最大的佛教宗派，它对庄子思想的吸取也是众所周知的。比如禅宗六祖慧能的《坛经》里，讲如何修行，如何实现佛性，就特别强调佛性与人的本性是相同的，认识和维护自己的本心、本性，就是实现佛性的关键。《坛经》的比喻是，人的本心、本性，如同日月，本自皎洁，只是因为后天的种种污染，如同乌云遮蔽了日月，才晦暗不明，所以，需要做的就是拨开云雾见日月，明心见性，识得自家本心、本性，就是修行，就是成佛：

自性常清净，日月常明，只为云覆盖，上明下暗，不能了见日月星辰。忽遇惠风吹散，卷尽云雾，万象参罗，一时皆现。世人性净，犹如清天，慧如日，智如月，智慧常明。于外看境，妄念浮云盖覆，自性不能明。故遇善知识，开真正法，吹却迷妄，内外明彻，于自性中，万法皆现。

再往后，晚明从心学里杀出来的李贽，也提倡所谓“童心”，也就是保持原初“绝假纯真”的赤子之心，认为由此“童心”，才会涌现真正的文学。他认定真的文学都是从天真的童心中涌出的，后天的闻见道理越来越多，阻塞童心，那真正的“天下之至文”就谈不上了。

这些例子，都说明了庄子突出自然本真的思想，源远而流长，确实是一个重要的思想贡献。

5. 生死之间：有限和无限的纠葛

之前我们介绍《庄子》内篇《养生主》的时候，特别提到这篇主旨谈“养生”的文字，在后边竟写到了老聃也就是老子的死亡，谈到了对待死亡应该持“安时处顺”的自然态度。这样的生命观，确是庄子的特殊之处，是对生命有限这一人生大关隘的勇敢直面和应对。

要看《庄子》的生命观念，不妨从文学史上的一篇名文《兰亭集序》谈起。

1)《兰亭集序》

如果我们去绍兴的兰亭，一定对乾隆皇帝手书的《兰亭集序》碑有印象；如果游览了王右军祠，一定会记得那里的回廊展示了历代名家书写《兰亭集序》的刻石，真可以说是琳琅满目。由此，对于《兰亭集序》，我们一定会留下深刻的印象。

《兰亭集序》是中国书法史上最为有名的作品之一，但其真伪曾有争论，然而，迄今似乎没有充分的证据，能推翻王羲之作为该序文作者的地位。

文章涉及的地点是东晋时的会稽，也就是今天绍兴的兰亭这个地方，缘起是王羲之、谢安、孙绰等四十一位当代名士的雅集。兰亭之会的时间，是晋穆宗永和九年（353）春三月三日。为什么在三月三日呢？原来魏晋

浙江绍兴兰亭石碑

约摄于 1906 年，其时还未遭毁损。

以来，有这么一个民俗：这一天大家到水边沐浴祈神、采兰香薰乃至嬉戏游玩，以祛除不祥，称为“修禊”。后代比如杜甫的诗《丽人行》里就有名句：“三月三日天气新，长安水边多丽人。”当年，王羲之等众名士，齐聚兰亭，临水修禊，饮酒赋诗。参与聚会的四十一位中十五位没有临席赋诗的本领，只好喝酒认罚，而二十六位能诗的，则将诗作汇集起来，由王羲之作《兰亭集序》。这年王羲之在会稽内史任上，年约五十，两年后他去职，又过了七年去世。

任何一篇文章都有它的展开脉络和层次，而名篇佳作脉络和层次的展开，其实就是作者所要表达的情与思的呈现过程。《兰亭集序》篇幅有限，但麻雀虽小而五脏俱全，“事”“景”“情”“理”一样不缺。

“事”，通过前边的背景介绍，我们已经知道，文章开始，当然会有所交代：“永和九年，岁在癸丑，暮春之初，会于会稽山阴之兰亭，修禊事也。群贤毕至，少长咸集。”时间、地点、聚会、人物，都以最经济的方式点出了。

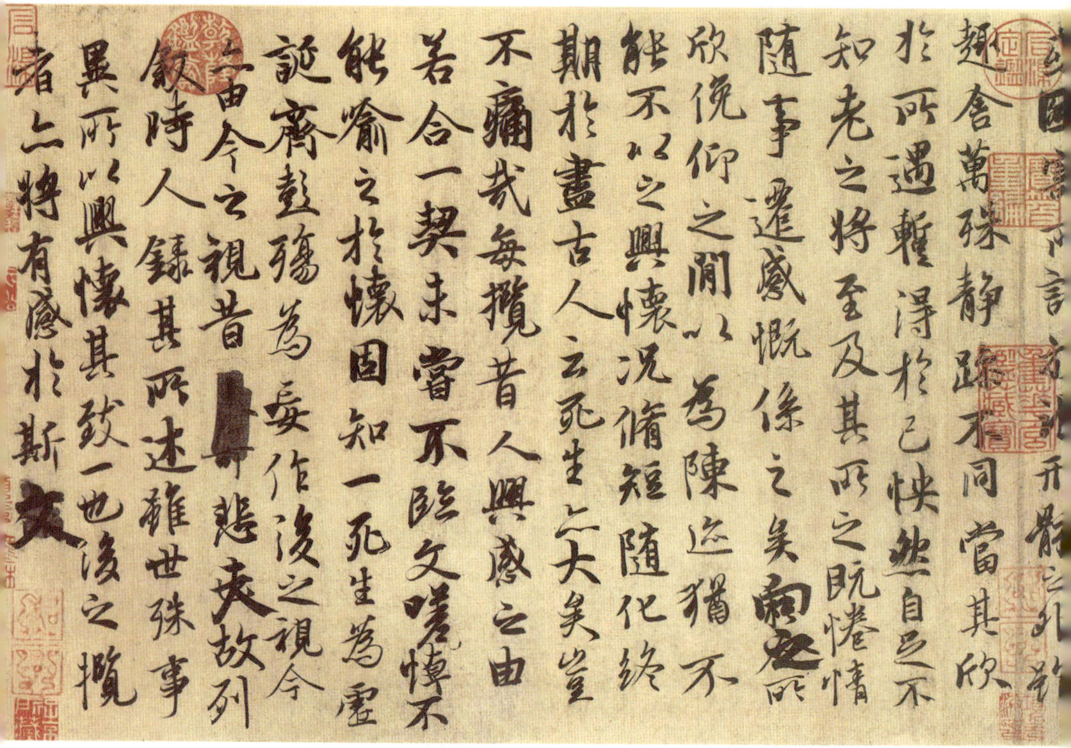

《兰亭集序》冯承素摹本（神龙本）

接下去，是写“景”了：“此地有崇山峻岭，茂林修竹，又有清流激湍，映带左右。”兰亭这边，有山有水，还有竹林——也真是点到为止。处在这么一个美好的环境之中，刻画景致的文字竟如此之简洁。

“事”“景”都惜墨如金，那么重点应该不是落在这

永和九年歲在癸丑暮春之初會
于會稽山陰之蘭亭脩稧事
也群賢畢至少長咸集此地
崇山
有峻領茂林脩竹又有清流激
湍暎帶左右引以為流觴曲水
列坐其次雖無絲竹管弦之
盛一觴一詠亦足以暢叙幽情
是日也天朗氣清惠風和暢仰
觀宇宙之大俯察品類之盛
所以遊目騁懷足以極視聽之
娛信可樂也夫人之相與俯仰

里吧。接着我们看到什么呢？看到“情”。传统文学之中，“情”“景”二者往往不可分割，“情景交融”是人们追求的高境界，《兰亭集序》走的是“情自景出”一路，在描写了兰亭的“崇山峻岭，茂林修竹”，形容了当日“天朗气清，惠风和畅”之后，王羲之等名士“仰观宇宙之大，俯察品类之盛”，相与“畅叙幽情”，“信可乐也”。一个表达主观情绪的“乐”字，是名士们在兰亭美好环境中欢聚的真实感情，突显了聚会当时的氛围。

由身处自然美景之中而生发出赞叹、欢乐之情，以之为赏心乐事，是东晋之后在士大夫、文人群体弥漫的一种普遍现象。江南与中原迥异的风景，刺激了因北方大乱而南渡的士人们的视觉，也打开了他们乐对自然之美的心怀。就说会稽这边的山川，当时极具名声的大画家顾恺之就曾赞叹道：“千岩竞秀，万壑争流，草木蒙笼其上，若云兴霞蔚。”（《世说新语·言语》）大画家的目光，自然是值得信赖的。王羲之的儿子王献之也有类似的名言：“从山阴道上行，山川自相映发，使人应接不暇，若秋冬之际，尤难为怀。”（《世说新语·言语》）是说在山阴道上行走，美丽的山川景物交相辉映，使人目不暇接，如果是秋末冬初的时节，那种山川的美及人的感受更让人难以言表——王献之眼光中的会稽山水，应该就如他父亲王羲之所见的一样美吧。如果我们结合这次兰亭聚会上名士们写出的诗篇，便可以更清楚地了解到他们对于山川自然的细心体察。孙绰是那个时代非常有名的玄学名士，他的文才也很得到人们的认可，在他的兰亭诗中就有这么几句：“流风拂枉渚，停云荫九皋。莺语吟修竹，游鳞戏澜涛。”短短四句，风、云、山、水、竹、鱼、鸟，交错纷呈。比照之下，更容易体会王羲之《兰亭集序》写景物的特异之处：自然、简淡。

“乐”，不仅仅是面对良辰美景而生发的，还有一个重要的原因是在投契的人群之间：兰亭聚会的四十一人，个性不同，身份各异，但是相会一处，晤谈交流，快慰欣然。他们本来就是当时的名士，谈玄的好手，如果我们翻翻《世说新语》，王羲之、谢安、孙绰等人，都是非常擅长清谈的。《世说新语·文学》记载了一个与《庄子》有关的谈玄故事：

王逸少作会稽，初至，支道林在焉。孙兴公谓王曰：“支道林拔新领异，胸怀所及，乃自佳，卿欲见不？”王本自有一往隽气，殊自轻之。后孙与支共载往王许，王都领域，不与交言。须臾支退，后正值王当行，车已在门。

> 支语王曰：“君未可去，贫道与君小语。”因论《庄子·逍遥游》。支作数千言，才藻新奇，花烂映发。王遂披襟解带，留连不能已。

是说王羲之在会稽时，孙绰向他介绍了名僧支遁，推崇支遁学问好、气度好，但王羲之很傲慢，不与支遁接话；支遁只好退下，等到王羲之出门前硬扯住他谈玄，谈的是《庄子》里的《逍遥游》，讲得天花乱坠，非常精彩，王羲之听得将本来要出门穿得整整齐齐的衣服都解开了，流连沉迷，不亦乐乎。我们设想，这些熟悉的朋友，能言善辩，都聚在兰亭，滔滔言辩，尽展长才，不是一定的吗？

然而，“乐”，绝对不是《兰亭集序》透露的主要情绪。随之来临的是良辰美景难以久驻的伤悲：

> 及其所之既倦，情随事迁，感慨系之矣。向之所欣，俯仰之间，已为陈迹，犹不能不以之兴怀，况修短随化，终期于尽！古人云：“死生亦大矣。”岂不痛哉！

“所之既倦，情随事迁”，两句就是说人们的“乐”之情、意逐渐转变了。为什么转变呢？因为“向之所欣，俯仰之间，已为陈迹”，大家感到快乐的那些事、情、意，一转眼就成了过眼云烟。而说到底，变化到最后，便是生命的终结：“修短随化，终期于尽！”——人生本来就是有限的，无论长短，终究会归于终结。王羲之最后引了孔子的话“死生亦大矣”，借古代圣人的酒来浇自家的块垒。不过我们或许应该留意到，孔子虽然对时间的流逝有很强烈的自觉，但他对于生命的有限却未曾有过太多的悲慨，所以，很有意思的是，《兰亭集序》此处所引的孔子的话，其实是从《庄子·德充符》里引来的，也就是说这是一句《庄子》里出现的，未必有很真确的根据能判定是孔子说的话，或许我们可以认为，这是《庄子》的一种感慨。然而，无论如何，“岂不痛哉”确确实实是王羲之的感受，这一个“痛”字，点明了此刻的情感陡转。

此类转折，在汉代以降到东晋时人们生命意识敏感的背景下并不显得特殊。在山川美景及欣悦心情中，因深感这一切不能持久而骤然转向悲哀，过去的作品里已往往可见。曹丕的《与吴质书》叙述游宴之乐后记曰：“乐往哀来，怆然伤怀，余顾而言：‘斯乐难常。’足下之徒，咸以为然。”而当时人拿来与《兰亭集序》比照的西晋石崇《金谷诗序》，也有类似的转折。在写叙了众人饯宴于“清泉茂林”之间后，《序》表达了“感性命之不永，惧凋落之无期”（《世说新语·品藻》刘孝标注引）的伤感。兰亭盛会的参与者孙绰，作有《兰亭后序》，也颇类似，其文同样描画了兰亭周遭环境之美，“高岭千寻，长湖万顷”，记叙了诸名士“席芳草，镜清流，览卉物，观鱼鸟”之乐，而后因时光之流逝而悲慨衷来：“耀灵纵辔，急景西迈，乐与时去，悲亦系之，往复推移，新故相换，今日之迹，明复陈矣。”（《艺文类聚》卷四）这么来看，《兰亭集序》的转折脉络，当然是名士们兰亭聚会时情绪变化的真实自然的呈现。

由“乐”而“痛”的转折，对于《兰亭集序》全篇非常关键，因为它，大抵可认为《兰亭集序》具有两层结构，即兰亭集会现场所含有的山川之美和群贤毕至的快乐，以及由联想到快乐之不永和人生之短暂而来的悲哀。

从快乐到悲哀，是《兰亭集序》的基本结构线索。然而，悲哀并不是兰亭之会的最后音调，如果是这样，名士们是不是得垂头丧气、黯然四散了？

《兰亭集序》的最后一节，王羲之的目光超越当下的时空，转向时间上游的“昔人”，应该就是我们之前提到的曹丕、石崇诸位吧？他们也都“临文嗟悼，不能喻之于怀”。他们留下文字，留下了他们的嗟悼。文字构成的文学超越了人的生命不能跨越的时空之隔，让此刻的兰亭名士们与昔人感同身受。那么，顺理成章的，兰亭之会上能诗的二十六人的作品，汇录成集，传诸后世，“后之览者，亦将有感于斯文”——后代的人们，或许也将为我们留下的文字以及文字中的情思而感动吧？王羲之最后的目光投向了将来。我们不能说这是彻底克服了悲哀的目光，但或许可以说这是多少冲淡了一些此刻悲哀的目光。因为感觉到我们是人类古往今来无数承上启下的生命旅程中的一个环节，短暂、有限和悲哀不是仅仅我们在承受。在放大的视野中观照悲哀，不能取消悲哀本身，但或许能减少悲哀给我们的压迫，稀释悲哀的浓度吧。

2）“纵浪大化”

说到这里，《兰亭集序》的主要脉络及所传达出的情意，似乎都呈现出来了。但且慢，在它最后的一节里，还有一个问题，涉及之前说到的事、景、情、理的“理”，极为重要。这引人瞩目的问题，就是对庄子的直接否定：“固知一死生为虚诞，齐彭殇为妄作。”所谓“一死生”，我们知道，是由《庄子·大宗师》“知死生存亡之一体”而来，指人的生与死都属于一个连续的不能分割的整体；而“齐彭殇”，见于《庄子·齐物论》“莫寿于殇子而彭祖为夭”，未成年而夭折的小孩子可谓长寿，而能活七八百年的彭祖倒算夭折了——这个奇怪的说法，之前我们已经讨论过，庄子的意思是说我们看待世界万物，都有一个特定的立场和视角，这就是庄子的“相对论”吧。

按照王羲之的话，庄子将长寿者和夭折者等量齐观，将生与死视为一个连续过程，属于胡说八道，那么他的观点就很清楚：长寿当然更高更好，而生与死完全是两个不同的生命状态。至此，虽然他也很爱谈《庄子》，与人聊《庄子》的“逍遥”，但王羲之的生命观与庄子的生命观之间的差异完全暴露出来了。

生死，是人生的大问题，古人有过许多思考，有各种不同的应对态度。比如孔子作为儒家的宗祖，秉持面向现世的精神，对另外的世界不很热心，“未知生，焉知死”（《论语·先进》）。而庄子勘破最后的生死大关，他的达观，可谓彻底。《庄子·列御寇》：

庄子将死，弟子欲厚葬之。庄子曰：“吾以天地为棺椁，以日月为连璧，星辰为珠玑，万物为赍送。吾葬具岂不备邪？何以加此！”弟子曰：“吾恐乌鸢之食夫子也。”庄子曰：“在上为乌鸢食，在下为蝼蚁食，夺彼与此，何其偏也！”

这种超乎常情的态度，不是一时兴到，而是以对于生死问题的认识为基础的。《庄子》一再表达过死是无可奈何的必然，因为世间一切都处在迁变不已的状态中：“物之生也，若骤若驰，无动而不变，无时而不移。”（《秋水》）“死生，命也；其有夜旦之常，天也。人之有所不得与，皆物

之情也。”(《大宗师》)

明了人生必有一死，也只是依据一般生命现象作经验观察的结论，真正能达观地面对生死，还有待于对生命存亡的根本缘由的透视。《庄子》对此持清醒的看法，《至乐》的“鼓盆而歌”一节有充分的展示：

庄子妻死，惠子吊之，庄子则方箕踞鼓盆而歌。

惠子曰：“与人居，长子、老、身死，不哭亦足矣，又鼓盆而歌，不亦甚乎！”

庄子曰：“不然。是其始死也，我独何能无概！然察其始而本无生；非徒无生也，而本无形；非徒无形也，而本无气。杂乎芒芴之间，变而有气，气变而有形，形变而有生，今又变而之死，是相与为春秋冬夏四时行也。人且偃然寝于巨室，而我嗷嗷然随而哭之，自以为不通乎命，故止也。”

庄子妻子死了，惠施来吊唁时，见他不仅没有悲哀之色，且正敲着瓦缶唱歌。面对惠施的责难，庄子的理由是：人生是一个自然的过程，自无而有，由气而成形，再回归于无形，如同四季之迭代。很明显，其中最为重要的一个关键是气的形成与变化。关于“气”在包括人在内的物种品类生灭中的作用，《庄子·知北游》作了最简单明白的表述：“人之生，气之聚也；聚则为生，散则为死。”也就是说，人的生命之存在与结束其实不过是气的聚散活动而已。《至乐》与《知北游》的这两节文字结合起来，说尽了庄子的气的人生观念之精要而无遗。

气构成万物存在的基本质素，是古代非常重要的一种观念。如《老子》四十二章云：“道生一，一生二，二生三，三生万物。万物负阴而抱阳，冲气以为和。”这里的“一”，应该就是指的“气”，气分阴阳，是为“二”，因而下文才会说万物是合阴阳而和的。气构成万物在古时确是一种流行的理解万物生成的模式，《庄子》的气的人生论以此为背景得以成立，进而由此得出生死之间通贯一体的观念。他不仅关注气之聚合而物生，更坦然言明气消散而物灭，甚至似乎更加侧重后者。《庄子·大宗师》记子祀、子舆、子犁和子来是莫逆于心的知交，因为他们一致认识到“以无为首，以生为脊，以死为尻”，“知死生存亡之一体”之理，因此，庄子才能够以平静而自然的心态来面对死亡，他所谓的“真人”是明了此理的：“不知说（悦）生，不知恶死……不忘其所始，不求其所终，受而喜之，忘而复之。”当生来到时便欢喜迎受，最后又忘生死之隔，欣然回归原初的状态。

庄子对于死亡的达观，具有很高的境界，远超常情之外，不是一时即可为人接受的。汉代的时候，人们对于生命的长生久视抱有强烈的企望，在某种意义上构成了对庄子自然主义古典理性精神的反拨，对于长生法术的追求成了一时风尚。这一点在文学中也有鲜明的表现。然而求仙在现世难以应验，最终必然会引致对它的反省、疑惑。企求破灭之后的失落，令人触目惊心。《古诗十九首》里便充斥了生死之感，表达得最突出的就是对于人生之有限的尖锐意识。“人生天地间，忽如远行客”（《青青陵上柏》），“人生寄一世，奄忽若飙尘”（《今日良宴会》），“人生非金石，焉能长寿考”（《回车驾言迈》），“人生忽如寄，寿无金石固”(《驱车上东门》)。对此,《古诗十九首》的作者所诉诸的法门是及时行乐、世间荣名等。这是一种执着于生命的表现。在他们的视野中,死亡如果是不可避免的,那么不妨专注现世的生活,然而这种专注恰恰是对于死亡的强烈意识的证明。在这个意义上,他们对于庄子式的视死生为一体的观念,一定是不能接受的。

东晋时代的王羲之,与汉晋多数文人一样,因眷恋、执着于现世生命而对庄子的以理化情从而坦然面对生命的达观,表示出直接的反对。对于王羲之而言,生死之间有着截然的划界,这是一个无法解脱的困境。这里还需要特别注意到,王羲之对庄子的反对,某种程度上,与他作为天师道教徒的身份相关。王氏家族世代奉道,《晋书·王羲之传》:“王氏世事张氏五斗米道。”“与道士许迈共修服食,采药石不远千里,遍游东中诸郡,穷诸名山,泛沧海。”许迈是当时有名的道士,与王羲之很投缘,《晋书》说:“羲之造之,未尝不弥日忘归,相与为世外之交。”而在道教初期,道教相比较其他的精神传统,最为根本的一点就是追求长生,葛洪《抱朴子》内篇《道意》云:“夫神仙之法，所以与俗人不同者，正以不老不死为贵耳。”在早期道教趋生避死的观念看来，生与死之间的境界是断然不同的，所以庄子所谓两者“一体”或“一条”的观念，道教徒王羲之必是完全无法接受的。

而从庄子的立场来看，道教之希望长生久视实在是违逆自然的举动。《庄子·刻意》篇对那些努力修炼以求长生的所谓“养形之人”也有明确的批评：“吹呴呼吸，吐故纳新，熊经鸟申，为寿而已矣；此道（导）引之士，养形之人，彭祖寿考者之所好也。”而真正的得道者乃是“不导引而寿”的——在庄子看来，养神较之养形重要得多，而这正与早期道教通过炼形而祈求长生是相对立的。

在东晋，与王羲之等不同，真正领会庄子真意的似乎是陶渊明。

陶渊明的《游斜川诗序》也曾有“悲日月之遂往，悼吾年之不留”的感叹，他在精神上几乎重演了以往诗人所有对生死问题的思虑。他也一样为生命的短暂、有限而焦虑过，也曾为抵抗生命之短暂和空无

现代国画大师傅抱石钟情于陶渊明，此为其笔下陶渊明形象之一

而寻求依托和意义，比如儒家之事业与世俗之功名，乃至道教之长生企望，然而这一切最终他都放弃了。陶渊明最后的道路就是庄子的道路，这一精神历程在“形影神”组诗中显示得最为清晰。

《形赠影》说，如果死亡对于人生而言是不可避免的，那就不如抓取现时，及时行乐，“得酒莫苟辞”。酒在这里乃是现时快乐的象征，这其实也就是《古诗十九首》的《驱车上东门》中提及的“不如饮美酒”。

作为对把握现世实在快乐的“形”的回应，《影答形》的“影”谓个体生命之价值意义在于声名之类，饮酒自乐不如立善扬名，这也就是《古诗十九首》中所谓“奄忽随物化，荣名以为宝”（《回车驾言迈》）。

“形”“影”都是前人曾经追求过的道路，陶渊明不以为然，他的宗旨见于《神释》。在人生终究有一死的共同前提之下，“神”对现世的及时行乐与生命凭身后之声名而延伸这两种姿态都作出清楚的否定：“日醉或能忘，将非促龄具？立善常所欣，谁当为汝誉？”饮酒或许反而会伤生，而身后之名凭谁传？而且即使声名留后，又有何意义？诗人的结论是“委运”：“纵浪大化中，不喜亦不惧。应尽便须尽，无复独多虑。”这种归依自然、顺从迁化的生命观念，消释了恐惧和悲哀感，是古代庄子的真精神，也是当时玄学的新成果。

从《古诗十九首》到王羲之，再到陶渊明，他们对生命问题的思索，固然是文学史上的一条线索，同时也是庄子对生命本质的自然主义理解和以理化情消解生命有限性的悲哀的一段历程。

四 《庄子》的源与流

1. 老庄异相

庄子属于所谓“道家”，这是常识；“道家”的创始人，是老子，这也算常识。“老庄”并称，从汉代的《淮南子》至今有两千多年了；庄子是老子的后学，这没有疑问，司马迁最早为庄子写传就这么认定的，也有两千多年了。

不过，《庄子》的最后一篇《天下》，评议先秦诸子中很重要的几位思想家，在谈到老子和庄子的时候，却是分开来说的：

以本为精，以物为粗，以有积为不足，澹然独与神明居。古之道术有在于是者，关尹、老聃闻其风而悦之。建之以常无有，主之以太一。以濡弱谦下为表，以空虚不毁万物为实。

芴漠无形，变化无常，死与？生与？天地并与？神明往与？芒乎何之？忽乎何适？万物毕罗，莫足以归。古之道术有在于是者，庄周闻其风而悦之。……独与天地精神往来而不敖倪于万物。不谴是非，以与世俗处。

显然对老、庄的关注存在不同的重点：老子被与关尹置于一路，提到“无”“有”“本”“物”等学说的要点；而对庄子则强调超然与“天地精神”的融合，而又“不谴是非”的与世浮沉。

这提示我们，同为道家的老、庄之间，并不是完全一致的。

首先可以说，老、庄之间，留给后世的精神形象，颇不相同。这是如何造成的呢？是由《老子》和《庄子》这两部书所导致的。了解一位思想家，最重要的途径，当然是通过他的著作。《老子》这部书五千言，按照司马迁《史记》的老子传记述，是老子看天下大乱，不可救治，于是离职跑出函谷关时，守关的人拦住他，逼着将他的智慧留下，才写出来的。如今流行的文本，共八十一章，多是格言警句，“道可道，非常道”，“信言不美，美言不信”等，可以说都是智慧的结晶。但是，其中却难以窥见老子的身影。《庄子》则不同，照司马迁的记述，当时他看到的文字有十余万字，今天看到的《庄子》是晋代郭象重编三十三篇，大约七八万字，虽然比不上司马迁看到的丰富，但除了庄子的思想言谈，也记录了不少或真实或虚构的故事。正因这两部书的差别，老子和庄子留给我们的风神就很不同：老子可谓一位纯然的智者，而庄子则情智兼备——由《庄子》书里的庄子故事，我们可以看到庄子的喜怒哀乐。

当然，更重要的是，老、庄的思想固然有许多关联，而其各自的侧重，确有差异。我们不妨对老子思想的重点作一番最简要的观察。

1）世界之二元

《老子》是中国传统中一部了不起的经典，大概也是被译为其他文字次数最多的一部经典。它虽然只有五千言，古往今来倒真当得起“说不尽，道不明”几个字：“说不尽”自然是因为各家注说层出不穷，种种解释令人目不暇接；“道不明”则是说尽管有那么多的阐释，却总好像没能说透，让人意犹未尽，感到犹隔一层。

这“道不明”的，首先是“道”。《老子》的“道”究竟是什么，历来聚讼纷纷，始终未能定于一说。就是《老子》本身，也说得云里雾里。比如它说：“道之为物，唯恍唯惚。”（第二十一章）所谓“恍惚”，就是若有若无、飘忽不定的意思。但这个“道”，却非常要紧，“道生一，一生二，二生三，三生万物”（第四十二章），世间万事万物都是“道”派生出来的。这么说，“道”的作用和功能可大了。《老子》自己也意识到这个“道”难以言说，打开书的第一章就是“道可道，非常道”：“道”是玄虚缥缈的一种存在，“道”很重要因而需要理解、把握，可是你能说出来、表达出来的却一定已不是“道”了。

要给“道”下个明确的定义真的挺难，它本来就是一个概括性很强的表述，可以包含各种可能，比如各家有各

家的“道”。唐代的古文大家韩愈，反对佛教和道家，要重新张扬当时已很衰微的儒家，写了一篇大文章，叫《原道》。在这篇文章里，韩愈提出了一个很有启发的观点，说“道”是“虚位”，而“仁义”是“定名”。定名就是有确定的意义的概念，而虚位则是空框式的虚涵的概念，各种意义都可以填入其中。对儒家来说，“道”的真实含义就是仁义。这样的想法，其实庄子早就有了。《庄子》书中曾提到“盗亦有道”（《胠箧》），即盗贼也有盗贼的“道”；盗贼的“道”借用了儒家的一套范畴来讲：事先能判断应否行动是“智”，能预测出财宝在哪儿是“圣”，行动时一马当先是“勇”，完事之后撤退在后是“义”，最后分赃平均合理是“仁”。庄子的这番总结出人意料，

福建泉州清源山宋代老子造像“老子天下第一”，是我国现存最大、年代最久的道教石雕造像

不过也可以启发人，“道”这个名义，不仅看它貌似的堂皇，更要看它实际的运作如何。

回到老子，我们来看看老子的“道”究竟是怎样发生作用的。由其实际的作用，或许可以确认它的存在和特点。

“道”是如何作用的？先得知道老子对世界的基本认识方式。

在老子的眼中，世界基本可以分为互相对立的二元，而非单极。《老子》第二章就提到：“天下皆知美之为美，斯恶已；皆知善之为善，斯不善已。”天下人一旦确立了美的一方面，丑的方面也就成立了；都明白何为善，则恶也便相形出现了。世间相反相对的事物，都是互相依赖着存在的。这一章还举了一系列相反方面的对立存在，比如难易、长短、高下、前后，等等。其中，老子还曾特别谈到一组重要的对立面：有、无。造房子，不能都是实在的墙体，得有窗有门这些空的地方，这才成我们可以住的房子；做陶器，一大坨黏土放在陶轮上转啊转，说到底是要掏出其中的空来，才成其碗和罐（第十一章）。总之，这个世界可以分为对立的两个方面，而这对立的两个方面还是互相依待着存在的。

这么一个想法，一点儿也不特别，这是人们看待世界很基本的一种方式，在早期人类的头脑和生活中就相当普遍了。人类学家经过大量的田野调查，指出即使未进入文明化阶段的部族，也很普遍地区分白天与黑夜，食物的生与熟，环境的冷与热，在他们的眼中，世界基本就是二元的。

老子的想法，与这些未文明化的部族，是一样的。老子的思想是基于人类非常基本的一些概念，是集中了人类的集体智慧而更进一步。说老子的智慧是既往人类集体智慧的结晶，并不是信口开河。我们都知道老子是东周朝廷守藏室之史，对于历代累积下来的文献史料非常熟悉，他比任何人都更有条件吸取前人的智慧。而且这一点在《老子》书中也是有确凿证据的。第二十二章开始，老子写道："曲则全，枉则直，洼则盈，敝则新，少则得，多则惑。"三字句的排比，讲的道理很精彩：只有蜷曲才能成圆，一时的弯曲而后能得直，低洼处才能蓄积满盈，旧了才会翻新，少才便于牢牢拥有，而拥有太多反会迷惑到把握不定。老子在这几句话之后作了一些引申阐释，最后说：“古之所谓‘曲则全’者，岂虚言哉！”——古人所说的“曲则全”等，真不是泛泛的虚言！这岂不是老子自己交代了“曲则全”等语的出处吗？这些都是过去人们说过的话，而不是老子的创造，老子不过是拿过来再加以阐说罢了。

2）“反者道之动”

“曲则全”这段话，很有些辩证法，意思是要达到一个目标，有时得向相反的方向去，要具备相反的条件。老子进一步发挥和提炼，就是“反者道之动”（第四十章），道的运动都是朝相反的方向去的。

至此，大概可以了解老子的理路了：他将世界分析为相反相依的两个方面，而这二元对立的双方，遵循着向对立面转化的规律运动、运作，也就是说，天下一切事物都会转向它相反的状态。

老子最核心的观念就是这一点：“反者道之动。”虽然千百年来，人们难以说清楚“道”究竟是什么，老子自己也说“道”难以表述，但从道的运动及运作规律，我们可以确定地知道，老子所谓的“道”是实际存在的，而且按照一定的规律发挥着作用。

这个“反者道之动”是普遍的，无论自然界还是人世间，概莫能外。《老子》并举人和草木：“人之生也柔弱，其死也坚强。万物草木之生也柔脆，其死也枯槁。”（第七十六章）人生出来的时候，婴儿柔若无骨，很软很弱，但长大之后，筋骨坚强起来，尤其渐渐老去，胳膊腿脚都变得僵直发硬，是一个由柔而硬的过程；同样的，草木始生，柔得很，随风摆动摇曳，到了最后枯槁脆硬，说不定一碰就折了。两相比较，哪种状态好呢？当然是柔弱好——柔弱代表着初生，有无限未来，而坚强刚硬则近于灭亡之时了。《老子》说：“兵强则不胜，木强则兵，强大处下，柔弱处上。”（第七十六章）万事万物都是向着事物的对立面转化的，处在柔弱的地位，反而会渐渐强盛，而到了强大的巅峰，随后就是走下坡路，日益没落了。其实老子并不是不要强盛，它只是说要因循“道”的规律，因势利导，以柔弱的站位和姿态，等待着渐渐雄起，也就是“知其雄，守其雌”（第二十八章）。你不能逞强，不能用强，形象地说，遵循道之规律，人们应该学习的榜样是水这一天下最柔之物：“天下莫柔弱于水，而攻坚强者莫之能胜。”（第七十八章）水滴石穿，柔弱胜刚强。

以这样的思路来看老子的“祸兮福之所倚，福兮祸之所伏”（第五十八章）的论断，就不仅仅是实际经验的概括，而是紧密扣合“道”之规律的必然结论了。对于福祸相倚最有名的阐释，来自西汉初年的《淮南子》，书里以一个有名的故事来说明福祸之间的不断转换：

近塞上之人有善术者，马无故亡而入胡，人皆吊之，其父曰：“此何遽不为福乎？”居数月，其马将胡骏马而归，人皆贺之，其父曰：“此何遽不能为祸乎？”家富良马，其子好骑，堕而折其髀，人皆吊之，其父曰：“此何遽不为福乎？”居一年，胡人大入塞，丁壮者引弦而战，近塞之人死者十九，此独以跛之故，父子相保。故福之为祸，祸之为福，化不可极，深不可测也。

这个故事里祸福之间的不断轮转，生动形象地阐释了老子“反者道之动”的意思。世间的万事万物不会是凝定不变的，而变化的方向就是相反的对立面。所以当一种特殊情况降临的时候，不必大喜过望，也无须过于忧虑，不妨平静对待，作好事情变化的准备。

如果更积极一些，则利用“反者道之动”，来达到你想要的结果。比如，《老子》书里讲过“将欲废之，必固兴之；将欲夺之，必固与之”（第三十六章）。这话听着很难理解，什么叫想要毁了对方，不妨提升他？事实上，三国时代的孙权，就曾运用过这一方式。当时天下大乱，群雄并起，逐鹿中原，其中曹操的势力最大，基本一统北方。孙权僻处江南，与曹操还是难以抗衡的，于是他上书劝曹操加冕当皇帝。曹操当然看穿了孙权是要将自己抬上高架被火烤，成为反对者的众矢之的，没有上孙权的当。孙权的劝进，岂不正是“将欲废之，必固兴之”？至于“将欲夺之，必固与之”，《韩非子·喻老》曾用一个小故事来说明：当时晋国的一位大人物想灭了山中的一个小国，但那小国据山险而守，攻取颇为费事，于是他称要赠山中小国一口大钟，山里人不明就里，受宠若惊，便开拓山路，迎接载着大钟的车辆，结果随着大钟而来的是晋国的军队，山中小国就此灭亡。这些后人的诠释，听着很有些阴谋狡诈的味道，于是有些人就批评老子的这些观点是有机心的，是教唆权谋。或许老子有权谋的意思，但要达到一个目标，从相反的方面着手，而后借重“道”之规律，取得所企求的结果，在信奉“反者道之动”的老子来说，也是十分自然的。

由此，我们也可以看出老子思想里非常重要的一个特点，就是遵从天地自然的规律。依据“反者道之动”为人处世如此，社会治理也是如此。一般而言，道家关注得更多的是个体的身心修养，而不是社会人群的治理；但老子略有些特殊，他多少是周天子朝廷中的一位官员，与仅仅三心二意做了几天漆园小吏的庄子不同，政治统治的问题多少进入他的视野，他对此不能不有一些感触和理解。这方面，老子基本可谓是一位放任者，不主张过多的君王的人为意志介入社会治理之中，以人之道干扰天之道。老子对此最有名的一句话是：“治大国若烹小鲜。”（第六十章）

治理一个国家，就像烹饪一条小鱼，不能随着自己的意志，翻来覆去地折腾，那会将小鱼翻烧成碎块的，还怎么吃呢？应该让社会按照它自己的状况，自然生长、变化。能顺应社情民意的管理者、统治者，才是最好的管理者、统治者。《老子》给统治者排过一个等级：最好的统治者是百姓仅仅知道有这么一个人而已，这比大家都对统治者歌功颂德、感恩戴德要高明得多。（第十七章）从统治者的角度，不强加自己的意志，让人民自由自在地生活，即道家所谓的“无为”。

无论是这种“无为”，还是前边我们谈到的遵从“反者道之动”而因势利导、顺势而为，都体现了老子对于天地自然之“道”的尊重和依顺，其基本的精神是一致的。

2. 从“黄老”到“老庄”

正是因为老子“反者道之动”的关键思想，有运用于现实社会政治的可能及实践，所以老子的学说曾经一度在西汉时代成为统治哲学，而与庄子的思想划然有别。

1）庄子与申、韩之异

第一个为老子和庄子写传记的司马迁，差不多与推尊儒家的汉武帝的时代相始终，生活在老子学说占据主导地位的那个时代的末尾。《史记》的《老子韩非列传》将老子、庄子、申子和韩非合传，其原由在于，司马迁认为庄子、申不害和韩非，都与老子有着思想上的联系。

司马迁曾评判老子："老子修道德，其学以自隐无名为务。"他对老子学说的概括是"无为自化，清静自正"八个字，这一概括与《老子》第五十七章"我无为而民自化，我好静而民自正"是契合的。要言之，司马迁心目中的老子有实行清静无为统治和隐逸修身的两方面。至于庄、申、韩三位，司马迁指出他们与老子的关系：

（庄子）其学无所不窥，然其要本归于老子之言……剽剥儒、墨；

申子之学本于黄老而主刑名；

（韩非）喜刑名法术之学，而其归本于黄老。

值得注意的是，司马迁将申、韩之学推源于“黄老”，而庄子仅及“老子”而非“黄老”，这中间暗示了很大的学术分野。

申、韩重法术，干谏诸侯，从事于实际政治；而庄子照司马迁的说法，“其言洸洋自恣以适己，故自王公大人不能器之”。所谓“不能器之”，就是不能利用的意思。在汉代的司马迁和他父亲司马谈的认识中，先秦诸子的学术多具备有用的一个方面，司马谈“论六家之要指”（《史记·太史公自序》）即称“务为治者也”。司马谈论述阴阳、儒、墨、名、法、道，其中的“道家”，实际是从汉初盛行的黄老之学回溯过去的视野中所看到的“道家”，因为他形容这个“道家”是综合了过去主要的思想潮流而形成的，“因阴阳之大顺，采儒、墨之善，撮名、法之要”，并且能够“与时迁移，应物变化，立俗施事，无所不宜，指约而易操，事少而功多”，显然强调的是“道家”的实际功能和作用。这样的一个“道家”，庄子实在难以厕身其间。

“道家”的名号，与“儒”“墨”不同，先秦时代是没有的，以“道家”概括老、庄的学术，是汉代学者回顾、梳理前代思想潮流的结果。司马谈、司马迁父子梳理诸子的学术，归纳各种思想潮流，前者确定了“道家”的名号，其中包含老子的思想是可以肯定的，但包含多少庄子的成分，实在难以确指；后者则将老、庄、申、韩四位合传，明确老子对后三位的启导性，但也敏锐地表露了庄与申、韩同源异流的差异。

2）“黄老之术”的流变

老子的学问，将宇宙运作的规律移来阐说治世之术，主张要因顺自然，讲“无为”的政治，着眼于“反”之“道”，力主清静，期望“柔弱胜刚强”，主要是针对南面为君者而发的，在后代那里经过引申，成为统治的纲要。老子之学向统治术的进展，与战国时代齐国的稷下之学有关。

所谓稷下之学，是齐国在当时的国都临淄一处城门稷门附近建立学宫，招致成百上千的学者在此聚会讲学（孟子、荀子等都曾在此居停过），“各著书言治乱之事以干世

盛极一时的稷下学宫，如今只剩彼黍离离

主”，形成学术的大交流和大发展。在稷下活跃的慎到、田骈、接子、环渊等，司马迁曾说他们“皆学黄老道德之术”（《史记·孟子荀卿列传》），与他评断申不害、韩非的学术渊源是相同的。他们都是综合道、法学术的人物，重“法”，重“势”，如荀子即认为慎到等“尚法而无法”（《荀子·非十二子》），又讲“慎子蔽于法而不知贤，申子蔽于势而不知知”（《荀子·解蔽》）。所谓“势”，主要就是指身居上位的君主的权势地位，有了权势地位，就有了施行各种统制的基础。慎到曾说：“贤人而诎于不肖者，则权轻位卑也；不肖而能服于贤者，则权重位尊也。”（《韩非子·难势》引）贤人受制于宵小，关键就在后者掌握了权势地位。可见，“势”是针对身居上位者如君主而言的，韩非讲得非常明白：“万乘之主、千乘之君，所以制天下而征诸侯者，以其威势也。威势者，人主之筋力也。”（《韩非子·人主》）

韩非继承了前人的理论，规划了“法”“术”“势”三者结合的政治统治学说，尤其强调作为君主向臣下分任职责、督责掌控、统御利用的“术”的意义：

> 术者，因任而授官，循名而责实，操杀生之柄，课群臣之能者也，此人主之所执也。法者，宪令著于官府，刑罚必于民心，赏存乎慎法，而罚加乎奸令者也，此臣之所师也。君无术则弊于上，臣无法则乱于下。（《韩非子·定法》）

在韩非的心目之中，“术”专对君主统御臣下而言，而“法”主要是针对臣民的。简而言之，从稷下慎到等到韩非子，他们所建立的学说，主要是在君、臣之间展开的："势"是君、臣之所以区别的基础；"法"是君、臣协调的共识；"术"则是君上专对臣下而运用。当它们三者能较好结合时便能实现"无为"——当然，这是君主的"无为"。

于是，这就归向老子的道家政治原则了：从"法"的方面说，"大君任法而弗躬，则事断于法矣"（《慎子·君人》），这是说以"法"调节，则君主可清静无为；从"术"的方面说，"古之王者，其所为少，其所因多。因者，君术也，为者，臣道也。为则扰矣，因则静矣。……君道无知无为，而贤于有知有为，则得之矣"（《吕氏春秋·任数》），君主要少自己作为，要因势利导地充分利用臣下来做事，这样君主就能达到清静无为的境地了。君臣之间，各自无为或有为："君臣之道，臣事事而君无事，君逸乐而臣任劳，臣尽智力以善其事而君无与焉。"（《慎子·民杂》）如此，这一脉络的思想以实现老子清静无为的政治理念为目标，后者成为各种现实统治术的总要，由"法""术"诸"有为"，达到"无为"的安治，慎子、韩非子等的种种现实设计和规划，成为"无为"政治主张的具体化、现实化。我们知道，韩非子等是有意援引、依据《老子》来建构自己的学说的，《韩非子》里就有《解老》《喻老》两篇，是战国时代非常重要的阐释《老子》的文献。此类兼摄道、法的思想流传到西汉初年，便蔚然成为盛行一时的“黄老”思潮。

秦汉时依托黄帝之言者很多，《汉书·艺文志》的诸子、兵书、数术、方技各部分多有记载，如：“《黄帝君臣》十篇，起六国时，与《老子》相似也。”（《诸子略·道》）《吕氏春秋》里引述黄帝的话也很多。武帝独尊儒术以前，儒、道、法、阴阳、纵横各有势力，而现实中的主要冲突在前三家，司马迁概括为：“曹参荐盖公言黄老，而贾生、晁错明申商，公孙弘以儒显。”（《太史公自序》）而“黄老”之学兼刑名法术，因此根本性矛盾，便集中在了儒、道两家，司马迁归纳为：“世之学老子者则绌儒学，儒学亦绌老子，‘道不同不相为谋’，岂谓是邪？”（《老子韩非列传》）

汉代黄老政治实践的开始和传承，史书记叙得很清楚。汉初黄老政治的重要人物曹参，是在齐开始其实践的：

参尽召长老诸生，问所以安集百姓。如齐故诸儒以百数，言人人殊，参未知所定。闻胶西有盖公，善治黄老言，使人厚币请之。既见盖公，盖公为言治道贵清静而民自定，推此类具言之。参于是避正堂，舍盖公焉。其治要用黄老术，故相齐九年，齐国安集，大称贤相。(《史记·曹相国世家》)

从学术师承上来说，盖公所师承的乐臣公，“善修黄帝、老子之言，显闻于齐，称贤师”(《史记·乐毅列传》)。乐臣公、盖公皆受学、讲习黄老之术于齐，而曹参也首先于齐地将黄老之术付诸实践，结合我们前面谈过的稷下学人综合法术的尝试，可以知道老子的学说衍化为治术的始末。就学术内涵来说，盖公所说的“治道贵清静而民自定”，正与老子“不欲以静，天下将自定”(第三十七章)的意思，一脉相承。

依循这样的思想和历史背景，司马谈“论六家之要指”和班固《汉书·艺文志》里所谈论的道家，很清楚，主要其实就是指“黄老之术”的道家：前者指出其“其术以虚无为本，以因循为用”，“虚者道之常也，因者君之纲”的特征，后者概括“道家者流，盖出于史官，历记成败存亡祸福古今之道，然后知秉要执本，清虚以自守，卑弱以自持，此君人南面之术也”，直接指出“道家”是君王的南面之术。

3）“庄老”合流与渐盛

那么，《庄子》对这一脉络的思想是如何看的呢？“黄帝”，《庄子》内、外、杂篇中屡屡可见，但形象差异颇大，《盗跖》中痛斥“黄帝不能致德，与蚩尤战于涿鹿之野，流血百里”，其后尧、舜更以强凌弱，以众暴寡，是为“大乱之本”，“其末存乎千世之后，千世之后，其必有人与人相食者也”（《庚桑楚》）。显然在《庄子》看来，黄帝并非可尊法的先王。与这样“黄老之术”的“道家”相对，司马迁已清楚地判明庄子是“王公大人不能器之”（《史记·老子韩非列传》）的，那么，庄子与这一流的“道家”，自然是没什么大干系的。

庄子之学在汉代的传承远没有黄老道家那么显赫。西汉涉猎庄学者如贾谊、枚乘、刘安、司马相如、东方朔、刘向、严遵、扬雄、班嗣等，其主流大抵是汲取庄学的人生观念。如贾谊《鹏鸟赋》，据其序是“谪居长沙……自伤悼，以为寿不得长，乃为赋以自广”，其中多化用《庄子》，如“万物变化”，“天地为炉”，“化为异物兮，又何足患，小智自私兮，贱彼贵我，达人大观兮，物无不可”，“真人恬漠兮，独与道息”，归结“其生兮若浮，其死兮若休”，流露的基本都是自我宽解的意味。刘安《庄子略要》今天已经佚失，不能窥见全豹，李善《文选》注有引用，如“江海之士，山谷之人，轻天下，细万物，而独往者也”等，呈现的是《庄子》超然世外的形象。东方朔《诫子诗》“圣人之道，一龙一蛇，形见神藏，与物变化，随时之宜，无有常家”，脱胎自《庄子·山木》，岂不正是“独与天地精神往来而不敖倪于万物，不谴是非，以与世俗处”（《天下》）吗？扬雄《法言》称有取于庄子之“少欲”，而非难他“罔君臣之义”（《问道》），并将庄子、杨朱并举，以为“庄、杨荡而不法”（《五百》），从反面也证明了他对庄子专注于人性、人生方面的理解。

明代《三才图会》中的汉武帝像
汉武帝时期是中国思想史上的一大转折。

但应注意，汉武帝独尊儒术之后，黄老刑名等百家被黜，老子之学因而也不再被视为治世之学，从儒学角度对老子的批判也严厉起来，如扬雄就讲老子"捶提仁义，绝灭礼学，吾无取焉耳"(《法言·问道》)。他早年从游的严遵(君平)便不同了，后者"卜筮于成都市……得百钱足自养，则闭肆下帘而授《老子》，博览亡不通，依老子、庄周之指，著书十余万言"(《汉书·王贡两龚鲍传》)，他虽然专研《老子》，却也恬然不与世务了。在此儒家地位抬升的背景下，老、庄似又汇合，成为修身养性、弃世自适的一流，而与儒学相区别、相对抗。此时的儒、道之别，似乎有了政治主导学说和人生自我修养的不同，已经不是汉初那样，儒、道之争都聚焦在社会政治层面上了。

庄、老合流，两汉之交以后，所重在老子的“隐逸无名”和庄子的全身保生、自然无拘的结合上。如马融说：“古人有言：‘左手据天下之图，右手刎其喉，愚夫不为。’所以然者，生贵于天下也。今以曲俗咫尺之羞，灭无赀之躯，殆非老庄所谓也。”（《后汉书·马融列传》）嵇康《与山巨源绝交书》：“又读老庄，重增其放。”其《幽愤诗》：“托好老庄，贱物贵身。”嵇喜《嵇康传》：“长而好老庄之业，恬静无欲。”（《三国志·嵇康传》裴注引）这些，都是很清楚的例子。

魏晋之际，庄子之学的地位日渐提升。当时，从传统经学的学术传统中转出，兼容了道家精神的玄学兴起，正始年间的何晏、王弼等玄学名家，专研《论语》《周易》《老子》。如何晏有《论语集解》，还曾想注释《老子》，但没有完成，转以作《道》《德》二论（《世说新语·文学》）。王弼更是玄学大师，著有《论语释疑》《老子道德经注》《老子指略》《周易注》《周易略例》《周易大演论》等。不过，正始玄学的重心，应该说在《周易》和《老子》，王弼对这两部经典的注释，成为千年来的名著。玄学思潮的展开，以所专门研究的典籍来看，呈现出由《易》而《老》而《庄》的趋向，稍后一些的“竹林七贤”这一批名士，相较何晏、王弼等人，就更倾心于《庄子》。竹林诸位都喜欢谈《庄》，阮籍在《通易论》《通老论》之外还专门写了《达庄论》；而向秀则完成了风靡一时的《庄子》注，“大畅玄风”（《世说新语·文学》），据《世说新语》，流传后世至今的《庄子》郭象注本，就是在其基础上完成的。

3. 文学光影：成语、寓言及其他

《庄子》的文学性，无疑是其最重要的特征之一。清代著名的文学批评家金圣叹视野开阔，在传统诗文之外，对于小说、戏曲的兴趣和钻研很深，在相对于古代其他文学批评家更广的视野中来看取文学杰作，那自然是既精且优的。他曾有“六大才子书”的说法，《庄子》与《离骚》、《史记》、杜诗、《水浒》、《西厢记》等并列其中。大概在金圣叹心目中，《离骚》和杜诗是古典诗歌的典范，

《水浒》《西厢记》分据小说、戏曲的头把交椅，而《庄子》与《史记》一起，挤掉了韩、柳、欧、苏的古文，代表了古代文章的最高成就。以鲁迅的评断，《史记》乃“史家之绝唱，无韵之离骚”（《汉文学史纲要》），可以说是史学和文学结合的巅峰，那《庄子》作为一部子书，最好地融合了思想与文学。

先秦诸子的相关著作，多少显示了古代文章逐步演进的过程。《论语》作为以记录孔子言行为主的语录体著作，《老子》作为显示古代智慧结晶的经典，固然有诸多精彩的言辞、隽永的语句，后者且多韵文，但终究是珠玉的缀合，文章气脉难以呈现；《墨子》言说有条理，可惜质朴无华；《孟子》雄辩而有气势，但未脱语录和对话的气息；《荀子》《韩非子》言论滔滔，只是以说理为主。唯有《庄子》，既有散布全书各处的名言警句，也有洋洋洒洒的长篇展开；既有传统的对话性，如《秋水》中河伯与北海若的七番问答，以及书中多处出现的庄子与惠子的对话论辩（如《逍遥游》论有用、无用，《秋水》的濠梁之辩），也有成篇锐利的辩说，如外篇最初的《骈拇》《马蹄》《胠箧》等批评儒家社会政治观念的文字；既有理，又含情，情理兼备，更具有想象奇特、变化莫测、绵延漫衍、意味悠长的特点。鲁迅说《庄子》“汪洋辟阖，仪态万方，晚周诸子之作，莫能先也”（《汉文学史纲要》），确为的论。

说到《庄子》的文学性特点和成就，我们不妨由实而虚，略作考察。

1）成语

我们知道，文学经典的一个表征就是语言上的延展性和生命力。《圣经》和莎士比亚在西方据说是被引用最多的，其地位毋庸赘言。说回《庄子》，从书中形成的成语非常之多，稍稍举列，就有诸如：

鹏程万里、扶摇直上、越俎代庖、大相径庭、不近人情（《逍遥游》）

沉鱼落雁、朝三暮四（《齐物论》）

庖丁解牛、踌躇满志、游刃有余、薪尽火传（《养生主》）

螳臂当车（《人间世》）

相濡以沫、莫逆之交（《大宗师》）

虚与委蛇（《应帝王》）

断鹤续凫（《骈拇》）

识其一不识其二、大惑不解（《天地》）

得心应手（《天道》）

不主故常、东施效颦（《天运》）

吐故纳新（《刻意》）

望洋兴叹、贻笑大方、井底之蛙、管窥锥指、邯郸学步（《秋水》）

呆若木鸡、鬼斧神工（《达生》）

君子之交、似是而非、螳螂捕蝉黄雀在后（《山木》）

亦步亦趋（《田子方》）

白驹过隙、每况愈下（《知北游》）

空谷足音、运斤成风（《徐无鬼》）

鲁莽灭裂（《则阳》）

得意忘言、得鱼忘筌（《外物》）

捉襟见肘（《让王》）

摇唇鼓舌（《盗跖》）

分庭抗礼（《渔父》）

能者多劳、探骊得珠（《列御寇》）

学富五车、栉风沐雨（《天下》）

如果对这些成语进行仔细、充分的分析、讨论，大概可以成就一大篇“《庄子》成语考”。仅此，《庄子》这部经典，就堪称具有突出的文学性。

2）寓言

《庄子》中这些成语的形成，固然有不少是言辞修饰的结果，如扶摇直上、吐故纳新、能者多劳之类，但很多是因为涵括了精妙的生动譬喻和寓言故事，前者如沉鱼落雁、薪尽火传、空谷足音等，后者如庖丁解牛、望洋兴叹、呆若木鸡等。有些非常有名的来自寓言的成语，或许本来也与《庄子》是有关联的，比如见诸《韩非子》的“自相矛盾”，《穀梁传疏》“哀公二年”便说来自《庄子》，只是传世的《庄子》文本中没有，也许属于佚文吧。

有意思的是，“寓言”这一文学类型的得名，便来自《庄子》。如今所谓寓言，是指采用譬喻性的故事，来寄寓和表达特定道理的文学样式。那《庄子》是如何定义寓言的呢？《庄子》的杂篇中有《寓言》一篇：

寓言十九，借外论之。亲父不为其子媒。亲父誉之，不若非其父者也；非吾罪也，人之罪也。

“寓言”的特殊，就在于“借外论之”，用为庄子作注的晚清学者王先谦的话说便是：“意在此而言寄于彼。”（《庄子集解》）之所以不直接说出自己所思所感，而要另说一套，庄子表示是不得已的，“非吾罪也，人之罪也”，就像父亲说自己的儿子好，别人通常是不会相信的，人情如此，无可奈何。正因为感觉自己好好说的话，世俗无法理解，不被接受，所以《庄子》要用“寓言”来表达。

“借外论之”，言在此而意在彼，比如《逍遥游》开篇的鲲鹏寓言，洋洋洒洒一大篇文字，但我们都知道，《逍遥游》的主旨显然不是要谈鲲鹏，这只是一个譬喻性的表达，是要借鲲鹏来说一番如何“逍遥”的道理，文章稍后才转向人的世界，终究庄子所谓的逍遥是人的逍遥。

这样的说话行文方式，在《庄子》里满眼皆是，《寓言》自己说有很大的比重，差不多占了全书十之八九，我们之前谈到的许多精彩段落，其实都可以算是脍炙人口的寓言，如《养生主》篇中的庖丁解牛，《应帝王》篇中的“儵与忽谋报浑沌之德……日凿一窍，七日而浑沌死”，《秋水》篇中的河伯面对北海若望洋兴叹，等等。最突出的大概要算《养生主》了，在庖丁解牛之后，连缀书写了右师独足、笼中之雉、老聃之死，表达顺天应命地生活、追求精神自由为先、通达看待生死等意旨，全篇主旨的逐步展开，几乎完全依凭故事寓言而依次呈现。

庄子的寓言，有一个很大的特点，其想象丰富而无崖际。那个时代，诸子采用寓言的方式言理立说，是常见的，但多就现实世界的人和事设喻，比如郑人买履（《韩非子·外储说左上》）、狗恶酒酸（《韩非子·外储说右上》）、刻舟求剑（《吕氏春秋·察今》）。而庄子寓言展开的场景和主角，固然可以是人间的，如庖丁解牛；也可以是天界的，如儵、忽、浑沌就分别是南海之帝、北海之帝、中央之帝；也不妨是人与动物之间的，如庄子路上遇到困在车辙中的鱼。尤其是庄子纵横上下，囊括古今，驱遣各色人等，拟造故事，全无拘碍：为了传达对待生命终了的观念，可以让道家先辈老聃去死（《养生主》）；为了显示俗世功业和超然世外之间的高下分别，可以让古之圣人尧，遇到藐姑射山的四位先生时恍然若失（《逍遥游》）；孔子可以在宋人的围困之中从容不迫，弦歌不辍，也可以与他最喜欢的弟子颜回，正面讨论道家的“心斋”修行之法（《人间世》），还可以被当时的大盗柳下跖骂得狗血喷头，狼狈不堪（《盗跖》）。所有的超世间、不现实，甚至不统一而相互矛盾，对《庄子》都不是问题，只要能借以阐明自己的想法就是了。

也正因为如此吧，司马迁认可了《庄子》“寓言十九”的说法，给出庄子“著书十余万言，大抵率寓言也”（《史记·老子韩非列传》）的估量。

《庄子》的寓言，在中国传统文学中的影响，草蛇灰线，绵延久远，闻一多的评说可以作为一份证言：“寓言本也是从辞令演化来的，不过庄子用得最多，也最精；寓言成为一种文艺，是从庄子起的。我们试想《桃花源记》

《毛颖传》等作品对于中国文学的贡献，便明了庄子的贡献。……你可以一直推到《西游记》《儒林外史》等等，都可以说是庄子的赐予。”（《古典新义·庄子》）

3）文风

《庄子》的文章风格，在先秦诸子的文字中，应该说是最为灵动的，这既得之于庄子想象之活跃、学识之丰富，也因其思想方式之纵横捭阖、略无拘限，以及多采取寓言来传情达意而自由出入文字表面的笔法。

我们在前文已提到，相较诸子，《庄子》各篇异彩纷呈，变化莫测，没有一定之规，“仪态万方”。具体到一篇之内，也是如此。明清许多《庄子》研究者，在庄学义理上或许没有多少深入的见解，不过在文章的技法上倒是花了不少工夫揣摩。晚清刘熙载在《艺概》中谈到《庄子》说：“文之神妙，莫过于能飞。庄子之言鹏，曰：‘怒而飞。’今观其文，无端而来，无端而去，殆得‘飞’之机者。”说《庄子》文章能“飞”，颇为形象地点出了其体势、文风的特点。所谓“无端而来，无端而去”，只是表面的观察，否则《庄子》文章的意旨会令人茫然不可解了吧。

《庄子》文章的能事，便是在灵动跳跃自由，令人难以把握的同时，又能糅合形象、情感和思想，或隐或显，起伏变化，展现其意旨。就以刘熙载提及的《逍遥游》来说，清代一位著名的《庄子》研究者宣颖，在《南华经解》有一段话从文章笔法着眼，解析《逍遥游》全篇展开的来龙去脉，虽然有些琐细，但大抵勾勒了本篇的文势意脉：

《逍遥游》主意，只在"至人无己"。"无己"所以为"逍遥游"也。然说与天下人皆不信；非其故意不信，是他见识只到得这个地步。譬如九层之台，身止到得这一层，便不知上面一层是何气象。然则非其信之不及，乃其知之不及耳。前大半篇，只为此故，特地荡漾出"小知不及大知"一语，以抹倒庸俗，然后快展己说焉。鲲鹏大，蜩与鸴鸠小，小不知大，意只如此。其余前前后后，都是凭空嘘气，尽行文之致而已。

前半篇，只是寄寓大鹏所到，蜩与鸴鸠不知而已。看他先说鲲化，次说鹏飞，次说南徙，次形容九万里，次借水喻风，次叙蜩鸠，然后落出二虫何知。文后生文，喻中夹喻，如春云乍起，层委叠属，遂为垂天大观。真古今横绝之文也。

点“小知不及大知”，便可收束，却又生出“小年不及大年”作一配衬，似乎又别说一件事者，令读者不能捉摸。真古今横绝之文也。

以小年、大年衬明小知、大知，大势可收束矣，却又生出汤问一段来，似乎有人谓《齐谐》殊不足据，而特以此证之者。试思鲲鹏蜩鸠，都是影子，则《齐谐》真假，有何紧要耶？偏欲作此诞谩不羁、洸洋自恣，然后用“小大之辨也”一句锁住。真古今横绝之文也。

中间一段，是通篇正结构处，亦止得“至人无己，神人无功，圣人无名”三句耳。却先于前面隐隐列三项人次第，然后顺手点出三句，究竟又只为“至人无己”一句耳，“神人无功，圣人无名”，都是陪客。何以知之？看他上面，宋荣子誉不劝、非不沮是无名，列子于致福未数数然是无功，乘天地、御六气四句是无己，一节进似一节，故知“至人”句是主也。

中段入手，撇却“知效一官”等人，不过如斥鷃而已。宋荣子、列子，固在斥鷃之上，若乘天御气之人，其大鹏乎？庄子胸眼之旷如是。

借宋荣子为“圣人无名”作影，借列子为“神人无功”作影，至“乘天地之正”四句，为“至人无已”作影也，独不借一人点破之。庄生之意何为哉？读至篇末方知之。

“至人无已”三句，后面整用三大截发明之。其次第与前倒转，自“无名”而“无功”而“无已”，归于所重，以为一篇之结尾也。

《庄子》的文章风格，对后世颇有影响，至于后人能得其妙处多少则可另论。古代的古文家里，得益于《庄子》最多的可能是宋代的苏轼。《赤壁赋》化解生命有限的焦虑，提出的“自其变者而观之，则天地曾不能以一瞬；自其不变者而观之，则物与我皆无尽也”的观点，即我们可以分别从不同的角度观察事物，而在同一视角下各异的事物不妨看取其相同之处，这在思考方式上是借自《庄子》的，《秋水》篇里有“以差观之，因其所大而大之，则万物莫不大；因其所小而小之，则万物莫不小”的说法。这还是思想上的影响，至于文章上，也是很明显的。

苏轼曾说到自己对《庄子》心领神会，他的弟弟苏辙在他去世之后写的《亡兄子瞻端明墓志铭》中记述：

公之于文，得之于天。少与辙皆师先君，初好贾谊、陆贽书，论古今治乱，不为空言。既而读《庄子》，喟然叹息曰：“吾昔有见于中，口未能言，今见《庄子》，得吾心矣。”

心中原来有许多想法，却难以说出来，得《庄子》之启发，便能抒写于笔下了，显然这是指《庄子》给予年轻的苏轼以文章技法方面的启示。苏轼《文说》评说自己文章的一段话为人熟知：

吾文如万斛泉源，不择地而出，在平地滔滔汩汩，虽一日千里无难。及其与山石曲折，随物赋形，而不可知也。所可知者，常行于所当行，常止于不可不止，如是而已矣。其他虽吾亦不能知也。

文中所谓自然洒脱地抒发所思所感，畅达而不局促，又能随时变化，收放自如，都是与《庄子》的文风一脉相承的。

苏轼之文，得力于庄子，得到后世许多文学批评家的认可。宋代的罗大经就说："《庄子》之文，以无为有，《战国策》之文，以曲作直，东坡平生熟此二书，故其为文，横说竖说，惟意所到，俊辨痛快，无复滞碍。"（《鹤林玉露》乙编卷三）刘熙载说苏轼"出于《庄》者十之八九"，似乎夸张了，姚鼐在《古文辞类纂》里评"东坡策论，其笔势多取于《庄子》外篇"，就较为具体、实在了。进而体察，当能了解其间的先后因缘。

4. 中国文人的精神原色

谈到了苏轼所受的庄子影响，我们便接着简略谈谈庄子对于后世中国文学发生影响的若干侧面。

首先，道家，与儒家一样，是本土产生而发展的精神传统，因而几乎所有承受中国文化传统的人，特别是那些文人学士，没有不受到庄子思想或多或少浸润、影响的，庄子提供了另一种生活和思想的可能。

从很早的时候开始，古代文人就熟读《庄子》的文字，并形诸自己的笔下。我们可以举出西汉初年的贾谊。他少年得志，怀抱理想，希求大有作为，但被谗谪居长沙，心情抑郁，写有一篇《鹏鸟赋》，其中大量文句源自《庄子》，此处取其一节，略加标识，以窥一斑：

鹏鸟，即猫头鹰，历来被视为不祥

且夫**天地为炉兮，造化为工**（《大宗师》："今一以天地为大炉，以造化为大冶。"）；阴阳为炭兮，万物为铜。合散消息兮，安有常则？**千变万化兮，未始有极**（《大宗师》："若人之形者，万化而未始有极也。"）。**忽然为人兮，何足控抟**（《大宗师》："今一犯人之形而曰：'人耳！人耳！'夫造化者必以为不祥之人。"）；**化为异物兮，又何足患**（《大宗师》："浸假而化予之左臂以为鸡，予因以求时夜；浸假而化予之右臂以为弹，予因以求鸮炙；浸假而化予之尻以为轮，以神为马，予因以乘之，岂更驾哉！"）！**小知自私兮，贱彼贵我**（《秋水》："以物观之，自贵而相贱。"）；**通人大观兮，物无不可**（《齐物论》："物固有所然，物固有所可；无物不然，无物不可。"）。**贪夫殉财兮，烈士殉名**（《骈拇》："小人则以身殉利，士则以身殉名，大夫则以身殉家，圣人则以身殉天下。故此数子者，事业不同，名声异号，其于伤性以身为殉，一也。"）；夸者死权兮，品庶冯生。怵迫之徒兮，或趋西东；大人不曲兮，亿变齐同。拘士系俗兮，攌如囚拘；**至人遗物兮，独与道俱**（《田子方》："先生形体掘若槁木，似遗物离人而立于独也。"）。众人或或兮，好恶积意；真人淡漠兮，独与道息。**释知遗形**

兮，超然自丧（《大宗师》："离形去知，同于大通。"）；寥廓忽荒兮，与道翱翔。乘流则逝兮，得坻则止；纵躯委命兮，不私与己。**其生若浮兮，其死若休**（《刻意》："其生若浮，其死若休。"）；澹乎若深渊之静，**泛乎若不系之舟**（《列御寇》："饱食而敖游，泛若不系之舟。"）。不以生故自宝兮，养空而浮；德人无累兮，知命不忧。细故蒂芥兮，何足以疑！

两相对照，贾谊赋中取资的《庄子》文字可谓密集，而且分布于今天所见的《庄子》全书的内、外、杂篇，可以说，贾谊涉猎《庄子》全书的篇章颇广。当然，重要的是，我们由《鹏鸟赋》，可以看到《庄子》的观念怎样成为一位落寞失意文人自我调适、自我宽解的精神资源。

我们不必，也无法罗列文人笔下涉及《庄子》的文辞和语句，那真可谓汗牛充栋。我们自然知道几乎所有文人的头脑中，都兼含了儒、道两家的思想影踪，而在传统文人的生活之中，在人生实践上需要汲取道家养分的时候，他们往往偏向的是庄子而不是老子。贾谊是一个例子。再想想魏晋玄学时代，正始名士与“竹林七贤”之汲取道家精神，与前者着力在《老子》不同，后者更多关注《庄子》，他们自然、自由地超越世俗名教束缚而形成新的生活风度，所学所习更多地落实在他们的行为中，两者显得更为契合。中古时代流行清谈，谈论的主要就是《周易》《老子》《庄子》以及佛经中的玄理，谈《庄子》是其中一大宗，《世说新语》的《文学》篇便记载了多条材料，参与的名士有王羲之、谢安、孙绰、许询，还有名僧支道林，谈论的涉及《庄子》的《逍遥游》《渔父》等篇。我们来看最能显示当时谈《庄》现场感的一条：

支道林、许、谢盛德共集王家，谢顾诸人曰：“今日可谓彦会，时既不可留，此集固亦难常，当共言咏，以写其怀。”许便问主人：“有《庄子》不？”正得《渔父》一篇。谢看题，便各使四坐通。支道林先通，作七百许语，叙致精丽，才藻奇拔，众咸称善。于是四坐各言怀毕。谢问曰：“卿等尽不？”皆曰：“今日之言，少不自竭。”谢后粗难，因自叙其意，作万余语，才峰秀逸，既自难干，加意气拟托，萧然自得，四坐莫不厌心。支谓谢曰：“君一往奔诣，故复自佳耳。”

支遁、许询、谢安等名士一起聚集在王濛家，谢安环顾诸位说："今天可以算是群贤聚会。时间既然不能挽留，这样的集会也很难得，应当一起谈论吟咏，抒发各自的胸怀。"许询便问主人："有没有《庄子》？"正有《渔父》一篇。谢安看了题目，就让大家各抒己见。支遁率先阐述，讲了七百多言，叙述思路精妙华丽，才思词藻奇特卓越，大家都叫好。然后大家各自讲述己见。谢安问："大家尽兴了吗？"都说："今天的谈论，几乎没有不尽言的。"谢安随后稍稍进行驳难，叙说自己的见解，演说了万余言，才情高妙，本就难以企及，加上他意气风发，潇洒自得，四座的人都心满意足。支遁对谢安说："您径入高深的境界，确实妙啊。"

正是因为《庄子》就这么活在当时文士的日常生活里，随时萦绕在他们的脑际，才会有我们之前从《兰亭集序》谈古代文士的生命观，从陶渊明谈基于对自我本性的认识选择自己的生活道路等的情形发生，这些事例体现了《庄子》对古代文人的生活选择和精神世界的深刻影响。

其次，庄子注重虚无的意义，在很大程度上代表了中国文学的一个重要精神方向。

中国文学，毫无疑问以其现实性为世人所瞩目，日本著名的中国文学研究者吉川幸次郎在《中国诗史》中曾特别提到这一点。但在现实性之外，中国文学另有一个超越实在世界的方向，就是在现实的世界之外，还有一个超越的虚涵的天地。

道家中的《老子》专门讨论有、无之间的关系，且以虚为主，有生于无，在美学领域有很大的影响。古代传统之中，儒家强调文艺的社会性，强调政治、教化，“移风俗，美人伦”；相比之下，道家老庄的思想对于美学，对于中国人审美理想的影响更大。比如中国绘画，讲求虚实结合，计白当黑，在画面上留出空白，无画之处也是画的有机部分，甚至是更重要的部分；如果把画布全画满了，就变成油画了。中国古代音乐，也追求所谓“此时无声胜有声”（白居易《长恨歌》）。虚与实结合，虚有时甚至比实更重要，中国艺术中的这些观念都是从道家来的。《老子》讲天地万物，有生于无，无和有之间两者不能偏废，是相辅相成的关系，但如果一定要比较二者的重要性，可能无比有更重要，这对道家来讲是非常普遍的原则。《庄子》同样特别讨论过虚无的重要：他与惠子辩论有用、无用关系，曾说人在世上立足的地方很有限，如果将除立足点之外都挖空，人还能立足吗？（《外物》）由此，庄子要说的也是实有是不能离开空无的，且空无较之实有可能更重要。

虚空，不仅在外在的表现，更在文人的内心。庄子以一个故事阐说创作活动中，创作者内心保持虚空的重要性：

梓庆削木为鐻，鐻成，见者惊犹鬼神。鲁侯见而问焉，曰："子何术以为焉？"

对曰："臣工人，何术之有！虽然，有一焉。臣将为鐻，未尝敢以耗气也，必斋以静心。斋三日，而不敢怀庆赏爵禄；斋五日，不敢怀非誉巧拙；斋七日，辄然忘吾有四枝形体也。当是时也，无公朝，其巧专而外骨消；然后入山林，观天性；形躯至矣，然后成见鐻，然后加手焉；不然则已。则以天合天，器之所以疑神者，其是与！"

梓庆之所以能造出鬼斧神工般的“鐻”（一种类似于“钟”的乐器），便是他先进行了内心的斋戒，将一切外在的赏罚得失、是非毁誉，甚至自己的身体都逐渐忘却、抛开，进入山林，看到最具成“鐻”潜质的木材，选取来制造，自然便臻于神妙之境了。这种在展开创造之前祛除杂念、静心凝神的功夫，后来的文学批评家一再言及。如陆机的《文赋》里有“罄澄心以凝思，眇众虑而为言”的说法。刘勰《文心雕龙·神思》强调构思创作时保持虚静心态的重要：“陶钧文思，贵在虚静。”苏轼《送参寥师》诗曰：“欲令诗语妙，无厌空且静；静故了群动，空故纳万境。”很好揭示了保持“空”“静”的心态能更好地呈现出诗歌表现对象的生动和实有。

与文人心态的虚静不同，在具体的文学表现中，不同于在音乐中可以“此时无声胜有声”，不同于在绘画中可以运用“留白”技法，多少得落实，不能“不着一字”，落得“白茫茫一片大地真干净”。以文字传达的文学尤其是诗歌，对虚涵的重视，可以努力追求“言有尽而意无穷”的话外之音，但更多的情形里，还是要呈现形象。这样的具有虚涵意味的世界，最多见的就是非现实的神仙世界，就是在我们生活的这个实在世界之上建立另一个境界，以仙与凡的差别开拓文学的空间，这与佛教以轮回观念在前后世代之间打破现实时间的限定一样，非常之重要。《庄子》即便不能说是后代众多的神仙诗歌、戏曲、小说的先锋，书中确实也是有所表现的，如《逍遥游》一篇中写到了藐姑射山上的神仙人物："藐姑射之山，有神人居焉，肌肤若冰雪，淖约若处子。不食五谷，吸风饮露，乘云气，御飞龙，而游乎四海之外。"这样的神仙和他们生活的世界，至少可以说，与屈原的"楚辞"作品一起，在中国文学中较早展现了一个超凡的非自然现实的天地。

再次，庄子还在理念上提出了中国文学的一个重要的美学原则——"真"。

我们知道儒家的审美理想是"尽善尽美"，在儒家那里，美是以善为根柢的。钱锺书先生《中国诗与中国画》的一个核心论点就是：古代诗、画的标准是不同的，在绘画里面，似乎王维以下的文人画是最高的；而在诗史上，最伟大的形象则是杜甫，因为他每饭不忘君王，对人间的悲苦抱有关怀，同时“语不惊人死不休”（《江上值水如海势聊短述》），“晚年渐于诗律细”（《遣闷戏呈路十九曹长》），诗艺又包孕古今，故而成为伦理和美并曜的典型。何以如此呢？追溯这个“美”“善”兼具的理想，就是孔子。他对《韶》乐和《武》乐有一个分别，《论语》的《八佾》篇记载：

子谓《韶》尽美矣，又尽善也；谓《武》尽美矣，未尽善也。

《韶》乐据说是赞颂舜的，孔子非常陶醉于它：“子在齐闻《韶》，三月不知肉味，曰：‘不图为乐之至于斯也。’”（《述而》）而《武》之所以不成其善，孔安国和朱熹都认为是因周武王之取天下出于攻伐，有不尽合理的地方——当初伯夷、叔齐就曾反对。可见，孔子认为美和伦理双重的达臻才是极致，美的感动和伦理的实现有冲突则是一种缺憾。

与儒家一样，道家的观念里面，“美”其实也从来不是占据主导地位的，“真”才最为重要，从之前我们讨论《庄子》的“自然本真”观念时引述分析的“百年之木”寓言，就可以明了。“真”，主要不在现实层面的真实、实在上，而是在本性的真纯、真朴上，即《庄子》所谓“朴素而天下莫能与之争美”。李白有名句曰：“清水出芙蓉，天然去雕饰。”出自天然本真的美，正是道家所主张的。

最后，我们从一个比较具体的角度举例，谈谈《庄子》的奇幻想象，如何引出系列的文学书写。

《庄子》的《至乐》篇写到庄子在路上遇到“髑髅”（骷髅），两者之间的对话，传达出世道艰难苦厄，倒不如逝去之后可以逍遥的意思：

庄子之楚，见空髑髅，髐然有形，撽以马捶，因而问之，曰：“夫子贪生失理，而为此乎？将子有亡国之事，斧钺之诛，而为此乎？将子有不善之行，愧遗父母妻子之丑，而为此乎？将子有冻馁之患，而为此乎？将子之春秋故及此乎？”于是语卒，援髑髅，枕而卧。

夜半，髑髅见梦曰：“子之谈者似辩士。视子所言，皆生人之累也，死则无此矣。子欲闻死之说乎？”庄子曰：“然。”髑髅曰：“死，无君于上，无臣于下；亦无四时之事，从然以天地为春秋，虽南面王乐，不能过也。”庄子不信，曰：“吾使司命复生子形，为子骨肉肌肤，反子父母妻子闾里知识，子欲之乎？”髑髅深矉蹙额曰：“吾安能弃南面王乐而复为人间之劳乎！”

髑髅不愿回返世间，与庄子对所处世道的严酷认识，是相呼应的。对于这个充满烦恼愁怨的世界，常常有离苦而得乐的回响：东汉张衡有《髑髅赋》，对于是否愿意起死回生，回答一样是否定的：“死为休息，生为役劳。冬水之凝，何如春冰之消？荣位在身，不亦轻于尘毛？……况我已化，与道逍遥。”再迟一些的曹植写有《髑髅说》，一样说：“死之为言归也。归也者，归于道也。道也者，身以无形为主，故能与化推移。……劳我以形，苦我以生，今也幸变而之死，是反吾真也。何子之好劳，我之好逸。子则行矣，余将归于太虚。”

另外一个与髑髅类似，引起后世文人强烈兴趣，一再被想起，一再被书写，而且可能更有名的《庄子》中的形象，应该是鲲鹏了。“竹林七贤”中的阮籍，对于《庄子》是非常熟悉的，他不仅写了《通易论》和《通老论》两篇，而且还有《达庄论》，将那时文人们最喜欢的“三玄”都讨论了一番，《达庄论》即代表文人学士对《庄子》的重视到了一个新的阶段。而在他的《咏怀》组诗里，写到了《逍遥游》的鲲鹏和鸴鸠：

鸴鸠飞桑榆，海鸟运天池。
岂不识宏大，羽翼不相宜。
扶摇安可翔，不若栖树枝。
下集蓬艾间，上游园圃篱。
但尔亦自足，用子为追随。

（《咏怀》其四十六）

或许是因为陷身于危殆之际，看似诗人不以鸴鸠的自居蓬艾、苟全性命为非。很可能，这也影响到了后来郭象注释《逍遥游》，认为鲲鹏和鸴鸠只要各尽其本性，便可以等齐观之的看法。同为阮氏家族成员的阮脩有《大鹏赞》，表达了通常理解的对大鹏的赞美：

苍苍大鹏，诞自北溟。假精灵鳞，神化以生。如云之翼，如山之形。海运水击，扶摇上征。翕然层举，背负太清。志存天地，不屑唐庭。鸴鸠仰笑，尺鷃所轻。超世高逝，莫知其情。(《晋书》卷四十九《阮脩传》)

与大鹏形象相联系的最有名文人，当属李白。当初他刚从家乡出来，在江陵遇到著名道士司马承祯，一见之下，司马赞叹李白"有仙风道骨"，可游于天地之外。诗人自然非常高兴，随即以鲲鹏自居，写了《大鹏赋》。但觉得这篇赋还有提升的空间，后来又读到《晋书》里阮脩的《大鹏赞》，很看不上眼，便重写了一遍，用雄阔的气势和夸饰的文辞，敷衍描摹《庄子》的鲲鹏形象。最后，作为诗人自我形象的鲲鹏，遇到欣赏自己的司马承祯化身的希有鸟，携手高翔天际：

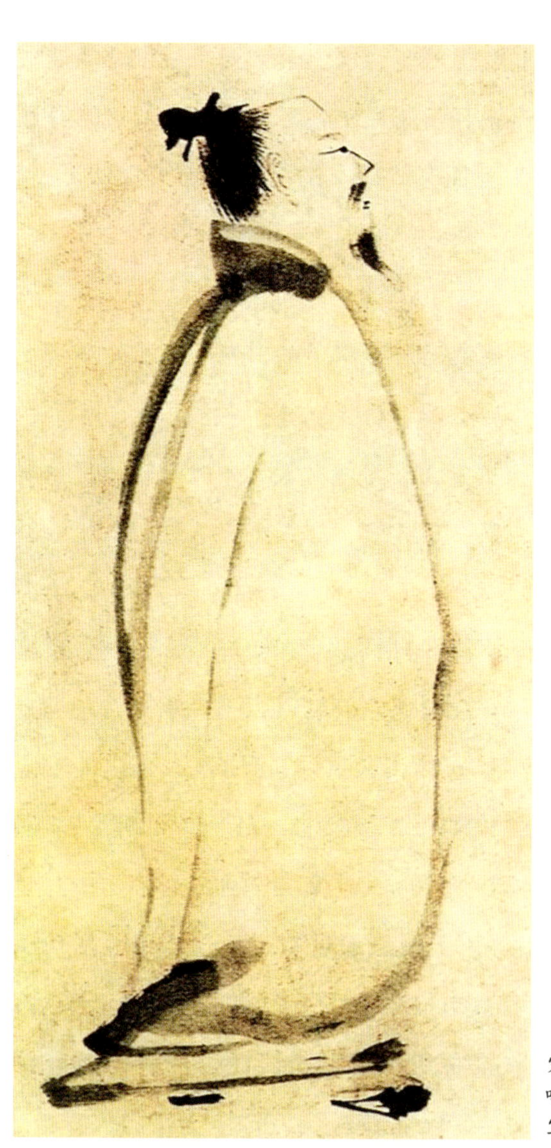

宋梁楷《太白行吟图》，寥寥笔墨，写尽太白神韵

> 希有鸟见谓之曰："伟哉鹏乎，此之乐也。吾右翼掩乎西极，左翼蔽乎东荒。跨蹑地络，周旋天纲。以恍惚为巢，以虚无为场。我呼尔游，尔同我翔。"于是乎大鹏许之，欣然相随。此二禽已登于寥廓，而斥鷃之辈，空见笑于藩篱。

不仅在赋中，李白的诗中，大鹏也多次出现，也常常代表着诗人的自我：

> 大鹏一日同风起，抟摇直上九万里。
> 假令风歇时下来，犹能簸却沧溟水。
>
> （《上李邕》）

诗人自负天才，怀抱宏大的理想，在现实中却一再受挫，但他还是相信即使大鹏落下九万里之高天，仍是能够激起一时波澜的。直到最后，李白还是将自己看作失败的英雄，即使中道摧折，仍是曾高飞的鲲鹏：

> 大鹏飞兮振八裔，中天摧兮力不济。
> 余风激兮万世，游扶桑兮挂石袂。
>
> （《临路歌》）

五 儒道与中国文化的根本精神

《庄子》在中国文化传统之中，是既深刻也久远的存在。

现代中国的社会、文化发生了极大变化，但现代中国文化和文学的典范性人物，对《庄子》都是非常熟悉和肯定的。前边，我们引述过郭沫若、闻一多等对《庄子》的高度赞美和评价，郭沫若还曾写过一篇《庄子与鲁迅》，称“鲁迅爱用庄子所独有的词汇，爱引庄子的话，爱取《庄子》书中的故事为题材而从事创作，在文辞上赞美过庄子，在思想上也不免有多少庄子的反映”。这一说法，是有根据的。有学者仔细考察了鲁迅著作中对于《庄子》的大约一百三十处引用，源自《庄子》三十三篇的三十二篇，涉猎非常之广泛。当然，鲁迅对《庄子》的态度有赞美，也有批判，分析起来，前期正面的为多，后期则多批评。（王晓华《老庄哲学与鲁迅的思维方式》）其实，无论是赞美还是批判，都是其影响的表现吧。

现代文化人物身上的《庄子》影迹，再次证明了其重要性。最后，我们就此以《庄子》结合《老子》，简要地谈一谈老庄道家之重要。

1. 以儒观道

中国文化中最重要的三个精神传统是儒、道、佛。一般认为，儒家影响非常大，是中国文化的主干，全世界对中国的认识都是一个儒家的中国，或者把它看成一种宗教，叫“儒教的中国”。这里马上就出现一个问题：“中国文化”虽然是一个词，但是很难说是一个单一的传统。需要特别强调，中国文化是多元多层面的。谈道家的特点和重要，有必要在与儒家的比照中来进行。

道家和儒家之间的关系到底应该怎么理解，对这一问题，过去有两种不同的说法。

一种比较为人熟悉的，是“儒道互补”，即儒家和道家两者之间是互相应和、互相对应的。这种互补不仅是对大的文化历史而言，从个人来讲，中国古代士人也是儒道互补的，譬如说“达则兼济天下，穷则独善其身”。当一个人仕途通达，能够在社会上发生作用的时候，他满心想的当然就是儒家，是积极进取的；当遇到困难（“穷”就是仕途不畅、落寞、落魄）的时候，他可能就用道家来平衡自己的内心。比如白居易，担任谏官的时候，便积极提出谏言，不仅如此，还要写诗——“新乐府诗”——批评弊政；而当白居易被贬为江州（今江西九江）司马时，他就在庐山里造一座房子，在那里读读《老》《庄》，读读佛经，而且把道士、和尚都请来，跟他们一起休养生息，这时白居易的内心便走向道、佛，借以化解愁闷。

还有一种意见，大约在20世纪80年代，陈鼓应提出“道家主干”说。他认为从哲学上看，道家比儒家更重要，因为道家讲的一些最根本的道理，抽象而具有普遍的思辨性内涵；而儒家讲的都是一些比较具体的事情，跟道家不能类比。

“儒道互补”和“道家主干”这两种看法，都有道理。但似乎前一种说法不够清晰，后一种说法有所偏颇。如果一定要讲中国文化传统的话，最重要的还是儒家。必须承认，对中国社会而言，儒家的地位比道家重要。因为从中国的文化、历史来看，没有道家很难想象，但没有儒家，恐怕更难以想象。比如说中国文化传统中的祖先崇拜、重视血缘关系、强调家庭伦理，这些都以儒家思想为主，它们也在儒家的传统观念中占据了很重要的地位。一直到“五四”，对中国传统的所谓批判，很大部分都还是对儒家的批判。儒家为什么这么重要？道理很简单，因为儒家跟中国整个历史文化是紧密结合在一起的，是一种在中国文化、中国社会、中国历史的基础上建立起的学说。

孔子生活在东周的春秋时代，当时“礼崩乐坏”，天下大乱。在此之前有夏、商、周三代的文化，孔子本人是殷人后裔，但在回顾夏、商、周三代的文化制度之后，他说“周监于二代，郁郁乎文哉，吾从周”(《论语·八佾》)。他认同的是周文化，而周的文化传统中，最重要的就是周初的“封建”。周摧毁了殷商的统治之后，实施所谓封建，也就是分封建国，将以周王室同宗同姓为主体的诸侯分置到各地，这样政治权力结构中的高低上下，与血缘家族内部的尊卑亲疏，就形成了叠合的关系，也就是所谓家国一体。孔子有一次谈到他的政治主张，就是：“君君臣臣，父父子子。”（《论语·颜渊》）国君像国君，臣子像臣子，说的是政治关系中君臣要各自尽到各自的职责；父亲像父亲，儿子像儿子，则是在家族关系中父子扮演好各自的角色。显然，孔子是将国与家一起考虑的。在这么一个视野之中，个人是重重叠叠的关系网络中的一个点，比如他是某人的儿子，某人的父亲，某人的兄弟，某人的丈夫，某人的上级，某人的下属，等等，他的身份就是由这些重重关系所定位的。这种从西周初年“封建”时开始，经过儒家演绎、升华的群体性观念，笼罩中国数千年。所以中国过去强调家国一体。近世社会的所有文人、所有准备考科举的读书人都将朱熹注的《礼记·大学》一篇读得滚瓜烂熟，篇中有一句大家都知道的话，叫“修身齐家治国平天下”——身就是自我，家是家庭、家族，最后是治国、平天下。家、国关系对中国人来讲这么重要，根本上便奠基于西周封建制度的建立。儒家思想并不是孔子凭空想出来的，而是他对历史经验的总结，他认为周的稳定秩序来源于其血缘关系与政治权力结构叠合而形成的这样一个结构，由此建立了以血缘关系、家庭伦理为重心的儒家学说。儒家学说后来的巨大影响不是偶然的，恰恰是因为儒家跟中国历史传统，跟过去的历史经验的结合非常密切。相比之下，道家当然也很重要，但在跟中国的历史经验，跟过去的传统社会的结合程度上，应该说，没有像儒家那样紧密。

但道家思想不是说没有它的优长，如果走出中国文化，把视野放大，从整个世界、整个人类文化的范围来看的话，道家的影响恐怕比儒家要大。在所有被翻译成外语的中国典籍中，《老子》的版本数量恐怕是最多的，肯定比《论语》多。《老子》的第一句“道可道，非常道”，富于思辨和抽象，大家都有兴趣研究它究竟何

黑格尔像

黑格尔对中国文化的理解，既深刻，又不乏偏颇。

谓。《论语》中国人读得津津有味，外国人读怕不是这个感觉。德国古典哲学的集大成者黑格尔在通贯考察哲学发展历程的《哲学史讲演录》里面讲到中国哲学时，将老子与孔子作了一个比较：

> 孔子的教训在莱布尼兹的时代曾轰动一时。……孔子只是一个实际的世间智者，在他那里思辨的哲学是一点也没有的——只有一些善良的、老练的、道德的教训，从里面我们不能获得什么特殊的东西。……我们根据他的原著可以断言：为了保持孔子的名声，假使他的书从来不曾有过翻译，那倒是更好的事。

相比之下，黑格尔认为老子比孔子对他来说更有思辨，更有“哲学”，有更多他可以吸取的地方。这样的情形是普遍的。19 世纪伟大的俄国作家列夫·托尔斯泰就曾说，他读过儒家孔子的书，受到启发，但如果和老子比起来，老子对他的影响是更大的。因此如果放大视野，跳出中国文化的范围来看，老子和道家的影响可能比孔子更大，道家的抽象思辨对整个人类的哲学思想贡献可能也更大一些。

在中国的文化传统中，儒家与道家都有它们的重要性，但是要在不同的层面上来看待两家各自的特点和重要性。

2. 天—地—人：儒道的重要分际

那么，儒、道两家到底有什么样的差别？不妨从三个层面来谈，用中国传统的说法，是天、地、人三个层面。

“天”，不是我们现在讲的物质性的天空，而是整个宇宙自然，是指人类对整个宇宙、世界的看法。

在这个层面上，道家所考虑的部分要比儒家丰富得多。儒家对于“天”的看法是中国历史上比较早期的看法。比如，《论语》中记载孔子曾经带着弟子在宋国讲学，一个叫桓魋的官员来驱赶，孔子仓皇出逃，但他坚持说：“天生德于予，桓魋其如予何？”（《论语·述而》）意思是上天将“德”赋予了我，桓魋虽然在世俗世界中是很有权势的一个人，他又能拿我怎么样呢？孔子的这一态度在后世很有影响。过去认为中国人不重视个人及个人的作用，实际并非如此。中国对个人的突出，原本就不是西方式的个人主义，但对个人其实非常重视，儒家有一句话叫“人能弘道，非道弘人”（《论语·卫灵公》），《周易·象传》里还有一句“天行健，君子以自强不息”。后来中国历史上对文化有担当的人都是这样，比如古代的孟子，近代的章太炎、梁漱溟。这种承当非常强调主体性、自我。回过来看，道家就不是这样的。老子和庄子没有对自己那么“高估”。庄子认为人是天地万物之一（不同于人类中心主义），应该与草木、禽兽一样，相互之间和谐相处，混同无二。《庄子》外篇的《马蹄》里谈到的“至德之世”是：

> 当是时也，山无蹊隧，泽无舟梁；万物群生，连属其乡；禽兽成群，草木遂长。是故禽兽可系羁而游，乌鹊之巢可攀援而窥。夫至德之世，同与禽兽居，族与万物并。

所以，道家是从一个更大的视野来看这个世界的，没有那种对自我的骄傲，整个世界上的万物并育共生。

相比儒家，在对宇宙世界的看法上，道家的视野要更加广阔。儒家的《论语》，开始就说“学而时习之”“有朋自远方来”“人不知而不愠”等，大抵都是人间的事和情。道家的《庄子》，开篇则是鲲鹏的宏大世界，人在庄子道家的世界中未必是最突出的部分。所以说，在“天”这个层面，儒、道两家因为对外在世界的观察视野不同，他们的认识和因应，就有很大的不同——《庄子》乃至道家宏阔视野的意义，之前我们谈《庄子》的时候已经阐说过。

第二个层面是“地”。这个地也不是指地质、地理，而是指地上的社会，是对人世间的看法。

这一方面，儒、道两家也是完全不一样的。儒家在这一方向上的考虑，远远超过道家，它与整个中国社会历史紧密结合，看到的是人群社会，人与人之间的关系。儒家对一个人的定位，往往不是讲这个人如何，而是首先看这个人是谁的儿子、谁的父亲、谁的哥哥、谁的弟弟，对个人是在种种人际的“关系”中定位的。儒家特别强调这一点，很大程度上是有道理的。传统的农业社会，是所谓熟人社会，关系很重要，因为熟人社会中，种种关系是对个人身份、地位、能力和作用的保障。人际关系是儒家思考很多问题的一个基本点，追求人与人之间的和谐关系，维持尊卑长幼的有序，在一个人伦关系的现实世界中，努力去实现自己的社会政治理想。所以，我们常常看到，儒家是制度的建设者和维护者，孔子便是在一个他看来礼崩乐坏的时代里，努力恢复“周礼”，恢复他认为合理的正当的秩序。

但道家不是这样。如果让儒家来批判，道家最受指责的怕是他们不负责任。比如老子，根据《史记》的记载，老子是周守藏室之史，掌管东周朝廷所有的文献，诸子里边老子的官算做得大的，孔子一辈子也是差不多五十岁时才在鲁国做了官，而且没多久就做不下去了。但是老子“见周之衰，乃遂去”(《史记·老子韩非列传》)，看到东周衰落就跑了，这种独善其身的作为，孔子是不能认同的，或许会认为那是极端自私的个人主义吧？孔子是“知其不可而为之”(《论语·宪问》)，越是困难的境况，越要积极介入社会。但老子的作为，代表的就是道家的基本态度。庄子也是如此。《秋水》记载庄子拒绝去楚国做官，就不是为社会人众的，而是为了保全自我。所以，在“地”——社会政治制度方面，儒家面向现实社会的人际关系，而道家更多的是放弃现实的世间，偏向于保全自我和个人。

而且，在庄子看来，儒家讲究的那套礼乐制度、思想理念，有时候甚至可以助纣为虐，起到与维护理想秩序相反的作用。《胠箧》篇提到齐国被田成子篡夺的事：

昔者齐国邻邑相望，鸡狗之音相闻，罔罟之所布，耒耨之所刺，方二千余里。阖四竟之内，所以立宗庙社稷，治邑屋州闾乡曲者，曷尝不法圣人哉！然而田成子一旦杀齐君而盗其国，所盗者岂独其国邪？并与其圣知之法而盗之。故田成子有乎盗贼之名，而身处尧舜之安；小国不敢非，大国不敢诛，十二世有齐国。则是不乃窃齐国，并与其圣知之法以守其盗贼之身乎？

田成子杀齐国国君，篡夺了齐国的政权，“圣人之法”不仅没有能阻止田成子的犯上作乱，反而被用来帮助篡位者维持了国家的安宁和秩序——这不是莫大的讽刺吗？也正因此，庄子对儒家的制度建设及理念，抱有深刻的怀疑，乃至走到反面，予以否定。我们或许不能说庄子的否定就完全恰当，但确实是一种必要的提示、提醒：制度是需要的，但不是万能的，我们不能一味做加法，减法有时也是必要的。

再下面就是“人”的层面，这与前面两个层面都有相关性。

对一个人的要求，儒、道两家一样，都非常强调自我的修养，但是两者之间还是有一个差别。儒家认为一个人要提高自己，成为一个君子，成为君子以后要服务社会——“修身齐家治国平天下”，儒家认为一个人仅仅讲修身是不对的。唐代大文学家韩愈有一篇很有名的文章《原道》，里面批评道家和佛教虽然也都讲自我修养，但儒家修养自我是“将以有为也”，而道家和佛教在儒家看来，更像是“自了汉”。前边说到，老子见东周衰微就跑了，庄子不愿去楚国为官，只愿自己在河边钓钓鱼，图个轻松快活。那么，道家更注重关心什么呢？是个人的修养，尤其是内心的修养，平和安宁，不为外界所困扰。比如《庄子》就写到静坐养神，主张要身如槁木、心如死灰（《齐物论》），内心淡漠平顺，外形呆若木鸡（《达生》）。这时，人的状态是松弛的，而非紧张的；是平静的，而非激越的。这就是在修养心神。除了心神，庄子对身体的琢磨，可能也到了相当的境界，他有一句话说："真人之息以踵，众人之息以喉。"（《大宗师》）一般人是用喉咙呼吸的，而修行得道的人则以脚后跟呼吸。怎么会以脚后跟呼吸呢？可能是练气功将气门练到脚后跟去了吧？可见就《庄子》来看，道家是非常注重个体的身心修养的。这方面的修炼，与后世的佛教禅宗的修行方式，以及宋明理学中的修行方式，都有相通之处，相比较而言，《庄子》较早表露出在这方面进行探索、实践的消息。

儒、道两家在天、地、人这三个层面的立场和取径，是有相关性的。儒家更注重现实世界，更注重人的重要性，是人类中心论，对人有一种高度尊重；而道家更开阔地看待这个世界，将人看成万物之一，万物平等。这是其一。其二，在人间社会当中，儒家更多关注人际关系，关注一个社会的组成、社会良性秩序和它的运作；而对道家来讲，社会的制度建设或许有其负面的效应，个人受到裹挟，无可奈何地置身其中，所以更多关注的是个体在社会当中的地位和保全。因而，最后在人这个层面，儒、道两家当然都认为人是要修养自我的，充实提高自我非常重要，但是充实提高自我之后，对于儒家来讲是要“将以有为”，而对道家来讲，还是保全自我，获得身心的安适最重要。

后　记

《庄子》是我非常喜欢读的一部书，从小时候最初接触开始，就是如此，大概因为里面有不少故事吧。后来比照诸子群书，一字一句细读《庄子》，涵咏其义理，是在研究生求学之时了。

从教至今差不多三十年，《庄子》应该是教过次数最多的一门课。或是按照一定的学术构架分题叙论，或是选择自以为重要的篇章一句一句、一节一节地讲析。值得提及的还有这十来年，因各种机缘，面向学界之外的各类听众谈论与《庄子》有关的传统文化的各色话题，渐渐体会到大家的兴趣之所在。

此次，中华书局上海聚珍公司有意规划“中华经典通识”系列丛书，贾雪飞女史与我商量，邀集诸位先生共襄盛举。虽然对《庄子》已谈过不少，似乎仍不能不承担《〈庄子〉通识》的工作。

于是，在以往讲说和书写的基础上，重加缀合、修饰，希望能将我对于庄子这位哲人的形象、《庄子》这部书及其思想世界、庄学的演变大略及文学影响、老庄道家在中国文化中的地位等的了解，提供给读者。这本小书，按照丛书的设想，意在传统文化的普及，自然不能说精深，但尽量避免浮泛之见，大概可以算多年涉猎《庄子》与庄学的“回真向俗”之作吧。

最后，郑重感谢雪飞女史和本书编辑黄飞立先生，在编辑过程中增加大量配图，是他们才使得这套丛书，包括这本《〈庄子〉通识》，以令作者欣喜的方式面世。同时，也衷心期望我们共同的工作成果，能得到大家的喜爱。

陈引驰

2022 年 5 月 10 日